Ralf Erich Schauer

Mit der Vespa in die Cinque Terre

Glück braucht kein Ziel

Seehausen, im Juli 2022

Mit der Vespa in die Cinque Terre

Glück braucht kein Ziel

Ralf Erich Schauer

Impressum

© 2022 Ralf Erich Schauer

Lektorat, Korrektorat, Satz und Gestaltung:

www.text-studio.de

Herstellung und Verlag: BoD – Books on Demand, Norderstedt

ISBN: 978-3-7568-0922-6

„Um ein zweites großes Abenteuer erleben zu können, müssen wir zunächst das erste große Abenteuer in Angriff nehmen. Häufig ist es ein Schritt ins Ungewisse. Wir sollten ihn trotzdem machen. Es lohnt sich."

John Strelecky

Für Julia

1. Die Geschichte einer Reise

Dieses Buch ist ein Zeugnis. Ein Beweis dafür, dass es möglich ist, auch heute noch, in unserem so hektischen, mit Terminen, Verpflichtungen und Erwartungen vollgepackten Alltagsleben, in sich hineinzuhören und zu finden, wonach wir wirklich suchen.

Ich habe es geschrieben, um für mich selbst und für Julia, meine Tochter, festzuhalten, dass ein Traum, den ich hatte, Wirklichkeit geworden ist.

Es ist ein Buch, das von einer Reise erzählt. Doch ehrlicherweise bin ich mir nicht ganz sicher, ob es „nur" von einer Reise nach Italien erzählt, von der ich lange Jahre träumte, oder ob es vielmehr eine Reise zu mir selbst ist, zu eben diesem Traum und seiner Verwirklichung und ob es nicht vielmehr daran liegt, dass ich dieses Buch geschrieben habe.

In vielen Berufsjahren, die unter ständigem Termindruck und hohen Anforderungen standen, die geprägt waren und sind von Entscheidungen mit unglaublicher Tragweite, nicht nur für mich, sondern auch für meine Angestellten und meine Mandanten, habe ich persönliche Träume und Sehnsüchte oft zurückgestellt.

Ich hatte damit kein Problem: Die Arbeit hat mir immer Spaß gemacht und mich begeistert. Ich habe vor über 20 Jahren mein eigenes Unternehmen gegründet und kontinuierlich vergrößert und dass ich es geschafft habe und heute noch immer mit Freude bei der Arbeit bin, erfüllt mich auch mit etwas Stolz.

Diese Art zu leben, eingezwängt zwischen Termine, von einem Meeting zum nächsten, einem Vortrag zum nächsten, ein Leben, bei dem eine Herausforderung die nächste jagt, kann man sich angewöhnen. Man kann es lieben lernen.

Aber gleichzeitig war mir immer bewusst, dass tief im Untergrund noch immer etwas in mir vergraben war. Ein Wunsch meiner jungen Jahre, ein „Lebenstraum", wenn man so will, der immer zurückstehen musste, hinter all den anderen Verpflichtungen.

Je mehr Jahre vergingen, desto mehr erinnerte ich mich daran, kam mir der Gedanke immer häufiger. Es wäre doch schön, wenn …

Ja, wenn … wenn ich diesen Traum leben könnte, sogar zusammen mit unserer Tochter, und eine ganz besondere Reise unternehmen.

Eine besondere Reise gerade deshalb, weil Julia nun in einem Alter war, in dem es nicht mehr lange dauern würde, bis sie sich ganz von ihren Eltern lösen und eigene Wege gehen würde.

Dass dieser Schritt mich einerseits mit Stolz auf unsere Tochter erfüllen und andererseits auch eine schmerzliche Herausforderung darstellen würde, war mir bewusst.

Und vielleicht bedingte auch das, dass mir klar wurde, dass genau *jetzt* der Zeitpunkt war, eine gemeinsame Reise zu unternehmen. Die Chance auf etwas ungestörte Zeit zu zweit noch einmal zu ergreifen.

Und so kam es, dass ich tatsächlich alle Hebel in Bewegung setzte, um die Voraussetzungen für unsere Reise zu schaffen. Mein lang gehegter Traum war es, mit dem Roller von Bayern nach Italien, genauer in die *Cinque Terre* zu fahren.

Täglich wechselnde Landschaften, den Fahrtwind im Gesicht, die Sonne auf der Haut, die Eindrücke der Landschaft und mittelalterlichen Ortschaften aufnehmen, Gedanken frei fließen lassen – ein lange nicht mehr gekanntes Gefühl der Freiheit von allen Alltagszwängen.

Und an meiner Seite einer der Menschen, die mir im Leben am wichtigsten sind.

Mir war klar: Es würde etwas Organisationstalent erfordern, mich für diese Zeit komplett von der Arbeit freizustellen, aber weil es mein Traum war und ich wusste, dass die Zeit für seine Umsetzung gekommen war, würde ich alle notwendigen Hebel in Bewegung setzen.

Von Tag zu Tag, Woche zu Woche, nahm der Gedanke mehr Form an, wurde konkreter, ich beschäftigte mich mit der Route, die wir nehmen würden, mit den Unterkünften, bei denen wir Station machen wollten und machte gedanklich schon Packlisten, was ich alles nicht vergessen durfte.

Es blieb ein Haken: Julia war erst 14 und um diese Reise mit ihr gemeinsam zu unternehmen, musste sie erst einmal den Rollerführerschein machen.

Das sah ich in meinem Eifer allerdings nicht als Hindernis, sondern als sportliche Herausforderung für unsere Tochter.

Schließlich kannte ich die Erwartungshaltung von Eltern an ihre Kinder aus meinem eigenen Lebenslauf, da war es für Julia doch sicher ein Leichtes, den Rollerführerschein zu absolvieren.

Doch Papa weiß: Träume, Wünsche, Sehnsüchte begleiten uns fließend durch den Alltagstrott mit all seinen Herausforderungen, Verpflichtungen, Hürden und allem anderen, was einen tagein tagaus einspannt. Hinzu gesellen sich persönliche Befindlichkeiten, von denen sich kaum jemand freisprechen kann.

Mit ihnen muss jeder Mensch ebenso leben wie das Leben für jeden individuelle Aufgaben bereithält, die zu meistern sind. Der übliche Lohn ist gesellschaftliche Anerkennung, berufliche Anerkennung, vielleicht auch ein bisschen Stolz, wieder etwas geschafft zu haben.

Kaum bleibt Zeit und Raum, die eigenen Träume, Wünsche und Sehnsüchte zu leben. Oftmals werden sie nur vage wahrgenommen, sie müssen schlicht zurückstehen hinter all dem, was das Leben bestimmt.

Ich fragte mich: Warum ist das eigentlich so? Sind wir es am Ende selbst, die wir uns diese Grenzen setzen, uns derart darauf konzentrieren, in unserem Alltag schlicht zu funktionieren?

Warum nicht Sehnsüchte leben, Träume sich manifestieren lassen, die Erfüllung der ureigenen Wünsche anstreben? Warum nicht die Energie für etwas einsetzen, das dem eigenen Inneren statt von außen auferlegten Doktrinen entstammt?

2. Der Mühe Lohn – ein Schatz am Ende des Weges

Da war dieser Traum, der in mir reifte, immer mehr Gestalt annahm. Videos abwechslungsreicher, die Sinne anregender italienischer Landschaften, von den malerischen *Cinque Terre*, von den urtümlichen Ortschaften in idyllischer mediterraner Umgebung zwischen zerklüfteten Felsen, entlang an stehenden und fließenden Gewässern, inspirierten mich.

Dort wollte ich mit meiner Tochter hin! Und da dem der fehlende Führerschein im Weg stand, nahm ein weiterer Gedanke immer mehr Form an, je näher der 15. Geburtstag von Julia rückte.

2.1 Ein Geschenk mit Hindernissen

Zu diesem besonderen Anlass – es war das Jahr 2021 – schenkten meine Frau und ich Julia den Roller-Führerschein. Halt – das stimmt nicht ganz: Unser Geschenk war die Finanzierung des Führerscheins.

Bemühen, ihn tatsächlich in den Händen zu halten, musste sie sich natürlich selbst. Ist das wirklich ein Geschenk für eine Fünfzehnjährige, oder am Ende nur ein weiteres Paket mit Verpflichtungen und Herausforderungen? In meinem Überschwang hatte ich mir darüber zuvor nicht allzu viele

Gedanken gemacht, doch es sollte sich zeigen, dass der Traum dieser Reise zunächst eben nur *mein* Traum war und nicht Julias.

Wie viele Gleichaltrige war Julia in ihrem schulischen Alltag sehr eingespannt („Chill mal, Papa!"), sie hatte eine große Menge an Lernstoff durchzuarbeiten – und sie gehört nicht zu den gesegneten Jugendlichen, denen die Lerninhalte irgendwie im Schlaf zuzufliegen scheinen. Nun sollte sie ganz nebenbei auch noch für den Führerschein büffeln.

Das war eine doppelte Herausforderung: Das zusätzliche Lernpensum war belastend und der damit verbundene Druck, es auch wirklich zu schaffen, ebenfalls. Wir Menschen sind nun mal keine Maschinen, die auf Knopfdruck funktionieren, wie es der Alltag mit allem Drumherum so gerne hätte. Bedenken, die Herausforderung anzunehmen, sind legitim.

Zugegeben: Als Vater hätte es mich selbstverständlich gefreut, wenn Julia die als Geschenk verpackte Lernaufgabe begeistert angetreten wäre. Doch die Fahrschule schien zunächst keine sonderlich magnetische Wirkung auf sie zu haben.

Seien wir ehrlich: Die vergangenen beiden Jahre, 2020 und 2021, waren auf die eine oder andere Weise für jeden mit Besonderheiten und Einschränkungen gespickt. Die jugendliche Generation hatte es sicher nicht einfach, mit Schulschließungen, mehr oder weniger ausgereiftem Distanzunterricht und Kontaktbeschränkungen das vorgesehene Lernpensum zu bewältigen. Gar nicht zu sprechen von den eingeschränkten Sozialkontakten, die doch gerade für die Entwicklung von Kindern und Jugendlichen so wichtig sind.

Nun kam also eine weitere Aufgabe auf Julia zu, zu der sie sich zunächst einmal überwinden, die sie eigeninitiativ annehmen und absolvieren musste, und diese noch dazu verpackt als ein Geschenk, aus dem sie eine gewisse Erwartungshaltung meinerseits abgeleitet haben mag.

Vermutlich führte dies zu durchaus widerstreitenden Gefühlen bei ihr: einerseits die Freude und der Wille, den Führerschein in der Hand zu halten, andererseits dieser ganze Ballast drumherum. Dazwischen galt es den Mut, das Selbstvertrauen und die Disziplin zu finden, es anzugehen.

2.2 Zwei Menschen, zwei Träume

Mein Traum war weiterhin eine Tour durch Norditalien. Für Julia bleib der Roller-Führerschein ein Traum, solange sie nicht dahingehend aktiv wurde. Der Erfüllung meines und ihres Traumes setzte ich mit einem Weihnachtsgeschenk 2021 einen weiteren initialen Funken – Papa ist halt so: Julia bekam einen Roller.

Der zusätzliche Anstoß führte dann doch zur nötigen Motivation: Im Januar 2022 startete sie mit den theoretischen Stunden für den Führerschein und im Mai stand die Prüfung an. Vorab konnte sich Julia noch eine mentale Auszeit und Urlaub für die Seele gönnen – sie war auf Besinnungstagen im Kloster Benediktbeuern.

Welcher Druck mit der anstehenden Prüfung auf ihr lastete, zeigte sich, als ihre Mutter sie von dort abholte und zur theoretischen Prüfung im Rot-Kreuz-Haus in Murnau brachte. Sie weinte vor Aufregung. Nahm man als Eltern das unsichere Kind in früheren Jahren einfach unterstützend bei der Hand und ging mit ihm die Schritte zum angestrebten Ziel, ist jeder Elternteil in einem solchen Moment zur Hilflosigkeit verdammt: Das „Kind", nun fast schon kein Kind mehr, muss seinen Weg alleine gehen, sich den Herausforderungen selbst stellen und ohne Hilfe klarkommen.

Dies ist ein weiterer Moment im Leben, in dem das Loslassenmüssen gleichermaßen die Emotionen aufwühlt, wie es stolz macht.

Stolz war auch Julia, als sie die theoretische Prüfung bestanden hatte. Wie emotional dieser Moment für sie war, und welch großer Druck in diesem Augenblick von ihr abfiel, war daran ersichtlich, dass Sie zunächst kaum sprechen und ihr Glück verkünden konnte.

So erfuhr Julia mit dem Erreichen dieses weiteren Etappenziels ein ständig wiederkehrendes Muster unseres Lebens: Das Auf und Ab zwischen guten und schlechten Tagen, zwischen Erfolg und Misserfolg. Das Leben ist eine Berg- und Talfahrt.

Und da war es wieder, vor meinem inneren Auge. Ich schloss meine Tochter in die Arme und gratulierte ihr von Herzen zu ihrem Erfolg, den sie sich nun ganz allein erarbeitet hatte und auf den sie stolz sein konnte. Und gleichzeitig dachte ich schon an unsere Reise, die nun wieder ein Stückchen näher, zum Greifen nahe gerückt war: Eine Fahrt durch die Berge Norditaliens, das Auf und Ab der Straßen, Schroffheit und Idylle. Auch dort würden wir uns wieder auf ein Etappenziel zubewegen, Tag für Tag, den Fahrtwind stets spürend und frei wie lange nicht.

War das in diesem Moment ein verwerflicher Gedanke? Vielleicht. Ich dachte an *meinen* Traum, doch es war erst einmal Julias Moment – Julia hatte einen großen Schritt zur Verwirklichung *ihres* Traums geschafft und die theoretische Prüfung erfolgreich absolviert.

Und das erkannte ich an. Es war nicht so, dass ich in Gedanken darüber hinwegging und nur an „meine" Reise dachte. Ich wusste, wie viel Energie sie hatte investieren müssen und ich war stolz auf sie!

Der Gedanke an meinen eigenen Traum, der nun realer schien denn je, drängte sich mir nur durch seine plötzliche Erreichbarkeit auf und da es (auch) mein Traum war, der Julia dazu verholfen hatte, eines ihrer Ziele zu erreichen, mag es wohl so verwerflich nicht gewesen sein.

Einige Wochen später stand die praktische Prüfung an und auch diese bestand Julia. Sie hatte es geschafft, alle Selbstzweifel überwunden, sich der Herausforderung gestellt, gelernt, allen Ängsten zum Trotz die Prüfungen angetreten und ihren verdienten Lohn erhalten!

Und ich als Vater war stolz auf meine Tochter, denn ich wusste auch: Damit hatte sie sich selbst das größte Geschenk gemacht. Sie hatte den Gipfel eines Berges in ihrem Leben aus eigener Mühe heraus erreicht und sich damit neue Freiheiten erschlossen.

2.3 Freiheit – Mut zum Glück

„Das Geheimnis des Glücks ist die Freiheit, und das Geheimnis der Freiheit ist der Mut."

Das Zitat von Perikles stammt aus der Zeit um etwa 500 v. Chr. Der Athener gilt als Begründer einer damaligen Demokratieform als politischem System altgriechischer Stadtstaaten. Die Demokratie räumt Menschen unter anderem das freie Wahlrecht ein.

Julia hatte von ihrem freien Wahlrecht in ihrem eigenen Leben Gebrauch gemacht: Sie durfte das Glück erleben, das ihr die Entscheidungsfreiheit eingebracht hatte, der Herausforderung trotz ihrer Bedenken mutig gegenüberzutreten. Nun stand der Freiheit einer gemeinsamen Tour mit dem Roller durch Norditalien nichts mehr im Wege, dachte ich. Schon zwei Tage nachdem Julia ihren Führerschein in den Händen hielt, sollte es losgehen.

Allerdings taten sich plötzlich formelle Hindernisse auf, die unsere Pläne zu kippen drohten: Julias Führerschein galt nur in Deutschland. Im EU-Ausland musste man 16 sein, um eine 50er fahren zu dürfen. Niemand hatte uns hierüber im Vorfeld informiert. Ein Traum schien zu zerplatzen.

Aber ein Traum wäre nicht ein wirklicher Traum, wenn wir nicht daran festhalten würden, gegen alle Widrigkeiten und misslichen Umstände! Also fasste ich den Mut, uns die Freiheit zu nehmen, das erträumte Glück dennoch in unser Leben zu lassen. Die Vorfreude war groß, die Tour geplant, Julia hatte diese Reise wirklich verdient und wir wollten es uns nun nicht mehr nehmen lassen, unser gemeinsames Abenteuer anzutreten. Und so beriefen wir uns auf das Motto *„No risk – no fun"*.

Doch auch die Freiheit der Gedanken ruht nicht. Und während unserer Vorbereitungen auf die Reise stellte sich bei mir eine merkwürdige Diskrepanz ein. Rund drei Monate zuvor war Russland in die Ukraine eingefallen. Mitten in Europa herrschte ein Krieg, geführt gegen die Freiheit eines Landes und seiner Menschen. Menschen verloren ihr Heim, wurden aus dem eigenen Leben vertrieben. Es gab tausende Tote und Verletzte, darunter Kinder. Die Medien berichteten von unfassbaren Zerstörungen, Flüchtlingen und zugleich dem Mut der Menschen vor Ort, für ihre Freiheit zu kämpfen.

Wie klein und belanglos fühlte ich mich in Anbetracht dieses Weltgeschehens. Ich setzte mich für die Freiheit einer Vergnügungstour mit meiner Tochter ein, die sich eben diese Freiheit und das Erleben der anstehenden Glücksmomente so redlich verdient hatte. Und das, während andernorts die Menschen überglücklich gewesen wären, noch ein Dach über dem Kopf zu haben, nicht unter Beschuss zu stehen, keine Angst um das eigene Leben und das ihrer Familienangehörigen haben zu müssen.

Einige Verantwortliche nehmen sich schlicht die Freiheit, ein Land und seine Menschen anzugreifen.

So einfach, wie das obige Zitat von Perikles vermuten lässt, ist es also doch nicht mit der Freiheit. In ihrem Namen oder zugunsten höherer Ideale werden zerstörerische Kriege geführt und jeder wähnt sich im Recht.

Doch damit wollte ich mich in diesem Moment der Vorfreude auf meine lang ersehnte Reise nicht befassen. Ich wollte meines Glückes Schmied sein, dieses Recht hatte ich und diese Gelegenheit hatte ich, und wenn ich dabei eigenverantwortlich formelle Hindernisse überginge, so würde dies niemandem schaden.

Was hätte ich außerdem am Weltgeschehen ändern können? Wem hätte es genutzt, wenn meine Tochter und ich auf unser ersehntes persönliches kleines Glück und eine wunderschöne Strecke durch Norditalien verzichtet hätten? Und so konzentrierte ich mich auf das, was ich unmittelbar beeinflussen konnte, vielleicht auch ein Stück weit eine Flucht aus den bedrückenden Bildern aus aller Welt und einer langen Zeit, in der man lieber schon gar keine Nachrichten mehr sehen wollte, so sehr häuften sich die Hiobsbotschaften an allen Fronten.

Lieber ging ich im Geiste noch einmal unsere geplante Route durch und genoss meine Vorfreude. Auch die Aufregung stieg – in zwei Tagen sollte es losgehen!

Auf unserer Tour durfte und musste ich jedoch erneut feststellen: Auch oder gerade während wir unsere Freiheit genießend auf zwei Rädern bergauf und bergab durch die eindrucksvolle Landschaft fuhren, waren unsere Gedanken frei, vielleicht freier als in dem eingezwängten Alltagskorsett zuvor. Und so schweiften sie ab in alle möglichen Richtungen, durchquerten gleichermaßen schroffe Emotionslandschaften und idyllische Sphären.

2.4 Auf dem Weg in unvergessliche Momente

Anfang Juni sollte es losgehen. Nun wurde es also konkret: Wir würden acht Tage lang auf zwei Rädern unterwegs sein – was brauchten wir dafür eigentlich an Gepäck und wie viel konnten wir überhaupt mitnehmen? Würden wir die geplanten Streckenabschnitte alle so schaffen, wie wir sie uns vorgenommen hatten und wie würde es mit den Unterkünften klappen?

War das Ziel – in diesem Fall der Start – noch fern, erschien theoretisch im Kopf alles ganz einfach. Doch nun, da es in greifbare Nähe rückte, brach das Chaos aus, das durch die immer wieder aufwallenden Glücksgefühle und die steigende Vorfreude nicht unbedingt geordneter wurde.

So viel aber stand fest: *Cinque Terre* – wir kommen! Die Route war geplant: Wir würden unser persönliches Abenteuer in Seehausen am Staffelsee starten, die erste spannende Etappe würde uns vorbei an Garmisch-Partenkirchen in Richtung Österreich führen, anschließend sollte es weitergehen durch Tirol und schließlich nach Norditalien.

Wir waren bereit, wir wollten den Schritt wagen. Eine Tour durch atemberaubende Landschaften, aber zugleich auch eine Reise voll bewegender, intensiver Momente, hervorgerufen durch großartige Erlebnisse, aber auch durch die Gedanken und Emotionen, die uns auf dieser Reise begleiteten und die zumindest mir intensiver erschienen als im täglichen Einerlei.

So viel vorweggenommen: Diese Reise bescherte uns neue Einblicke und zeigte uns Kontraste auf, die sich auch in unserem

Inneren widerspiegelten. Wir erfuhren, wie nah Glück und Leid und andere Gegensätze beieinanderliegen können. Wir erlebten, wie sehr gespalten die Gefühle im eigenen Inneren sein können, selbst nahezu euphorisches Glück verspürend und just nebenan ein unvorstellbares Unglück, von dem Menschen betroffen waren, die vielleicht gerade selbst noch in Glücksgefühlen schwebten.

Das Leben wurde auf einmal sehr intensiv – und wir lernten wieder, wie wertvoll jeder Moment ist.

Sie sind herzlich eingeladen, uns in den folgenden Kapiteln auf unserem spannenden, abwechslungsreichen und fantastischen Abenteuer auf zwei Rädern zu begleiten. Für uns ist ein Traum wahr geworden!

Wir wünschen auch Ihnen den Mut, Ihre Träume Wirklichkeit werden zu lassen und hoffen, dass dieses Buch ein wenig dazu beitragen kann.

3. Tag 1 – 146 Kilometer unter dem Motto „Aus heiterem Himmel"

Die Sonne scheint, die Koffer wollen gepackt werden, bei uns herrscht etwas Chaos und große Vorfreude auf die kommenden Tage.

Wir rechnen mit warmen Temperaturen, interessanten Eindrücken und unvergesslichen Erlebnissen zu zweit. Wir haben so lange auf dieses Ziel hingearbeitet, gekämpft, dass wir es nun kaum erwarten können, dass es endlich losgeht. Das Durcheinander an Gepäck, das noch nicht fertig gepackt ist, spiegelt das Durcheinander unserer Gedanken wider. Vor dem Start ist noch so viel zu erledigen und die letzten Stunden sind ziemlich stressig, aber gleichzeitig voller Aufregung über das, was uns die kommenden Tage erwartet.

Und währenddessen: Am Freitag, den 3. Juni 2022, dem letzten Schultag vor Pfingsten, entgleiste gegen 12:15 Uhr in Burgrain bei Garmisch-Partenkirchen ein Zug, in dem sich unter anderem zahlreiche Schüler befanden. Um 12 Uhr fuhren sie mit dem Zug von Garmisch-Partenkirchen ab, im Glauben, bald schon zu Hause zu sein und unbeschwert in die Ferien zu starten.

Nur 15 Minuten später verunfallte der Zug aus heiterem Himmel. Drei Waggons schienen einfach aus den Schienen gesprungen zu sein. Über 40 Verletzte und fünf Tote wurden letztendlich gezählt. Unter den Unfallopfern befanden sich unter anderem ein

Schüler und zwei ukrainische Frauen, die es geschafft hatten, aus dem Krieg in ihrer Heimat zu fliehen. Nun wurden diese Frauen in ihrer neuen scheinbaren Sicherheit aus dem Leben gerissen und ihre ebenfalls geflüchteten Kinder sind zu Waisen geworden.

So begann unsere Reise dann doch mit ambivalenten Gefühlen, dem Glück einerseits, dass es endlich losgehen würde auf einer Route, die wir uns gedanklich schon so oft ausgemalt hatten und auf die wir uns schon so lange freuten. Dem Schock andererseits über dieses Unglück in unserer Nähe, von dem Menschen aus heiterem Himmel betroffen waren, die damit Stunden zuvor niemals gerechnet hätten. Die Gedanken daran stellten sich mit den entsetzlichen Nachrichten automatisch ein und sie hielten uns vor Augen, wie kurzlebig das Glück sein kann.

Auch für Julia war dieser Tag der Start in die Ferien und sie war voller Vorfreude und aufgeregt. Schon bald wollten wir unterwegs sein. Doch unser Weg sollte uns in Richtung Garmisch-Partenkirchen und durch Burgrain führen, nicht weit entfernt von der Unglücksstelle.

Nun waren dort ein Schüler und mehrere Erwachsene verstorben, während wir in Gedanken an unser bevorstehendes Abenteuer noch mit unserem Gepäck beschäftigt waren, mit dem Ziel, eine glückliche Zeit zusammen zu verbringen.

Und damit hatte uns schon der Start in unsere Reise wieder vor Augen geführt: Glück und Leid liegen oft so nah beieinander und es wird einem in einem einzigen Augenblick klar, dass nichts vorhersehbar ist und Pläne im Nu durchkreuzt werden können.

Gerade in solchen Momenten wird einem bewusst, welches die „richtigen" Prioritäten im Leben sind und dass es nicht Erfolg, Geld oder ein schönes Haus sind, welche wirklich erstrebenswert sind, sondern dass es umso wichtiger ist, sich an jedem Moment seines Lebens zu erfreuen. Ist das nicht ein guter Grund, im Hier und Jetzt zu leben, ein erfülltes Leben anzustreben, sich an den Dingen zu erfreuen, die man hat? Viele solche Gedanken gingen uns an diesem Tag durch den Kopf.

3.1 Endlich! Es geht los...

Wir starteten bei schönem Wetter von Seehausen in Richtung Nauders. Auf der Straße wurde unsere Urlaubsstimmung bereits nach kurzer Zeit ausgebremst: Wir steuerten direkt in den Stau hinein. Stau aufgrund des Zugunglücks. Von dem wir nichts wussten – beim Rollerfahren hat man keinen Verkehrsfunk und kein Radio. Kilometer lange Staus – Hubschrauber flogen, Feuerwehr und Polizei im Dauereinsatz. Wir fragten uns, was denn wohl die Ursache für all das Chaos sein könnte? Eine Übung zum anstehenden G7-Gipfel in Elmau?

Auf zwei Rädern waren wir flexibler als Verkehrsteilnehmer auf vier Rädern, was diverse Fahrzeuginsassen verstimmte. Es schien die Urlaubsstimmung sehr zu beeinträchtigen, dass wir Platz und in unserem gemächlichen Tempo Gelegenheit zum Überholen hatten – einfach am Stau vorbei – prompt wurden wir aus einem Auto heraus beschimpft. „Klappe" tönte es kurz und knapp in jugendlicher Direktheit aus Töchterchens Mund. In den ersten 30 Minuten hatte sie bereits zehn Verkehrsverstöße gesammelt – dank Papas Erfahrung des „Durchmogelns" mit dem Motorroller.

In Burgrain war das ganze Ausmaß des Unglücks zu sehen – eine Erfahrung, die wir uns gerne erspart hätten!

Nach Garmisch beruhigte sich das Verkehrsgeschehen wieder. Das Navi wies uns den Weg über Reutte und Biberwier, doch... schon der nächste Dämpfer: Die Strecke durch Biberwier war aufgrund von Bauarbeiten gesperrt.

Was wir nicht wussten: Es war die einzige Strecke, die für Mofas und Roller erlaubt war. Unerlaubterweise aber gezwungenermaßen nahmen wir mit den Rollern schließlich die Route über Leermoos auf den Fernpass: Im Chaos darf man flexibel sein, dachte ich mir, und – zugegebenermaßen – war es auch mit etwas Nervenkitzel und Dopaminausschüttung verbunden, es verbotenerweise einfach zu tun, immer unserem Ziel entgegen.

Erneut ernteten wir Beschwerden von Autofahrern im für kleine Vespas verbotenen Leermoser Tunnel mit seinen fast vier Kilometern Länge. Ich fragte mich: Ist das nicht ein toller Start in einen entspannenden und erholsamen Urlaub, sich derart aufzuregen und zu echauffieren? Insbesondere über etwas, das die Autofahrer nicht im Geringsten beeinträchtigte. Wie oft, überlegte ich, rege ich mich über Nichtigkeiten auf?

Die Beschwerden der Autofahrer wurden ab dem Fernpass jedoch schlicht ertränkt, denn der Himmel hatte sich unterdessen zu einer Regenausschüttung entschlossen.

Das war für uns zwar nicht angenehm, aber es fühlte sich gut an, flexibel und frei zu entscheiden, auf die Gegebenheiten zu reagieren, ganz das Hier und Jetzt zu erleben. Den Regen nutzten wir für eine erste Kaffeepause in einem Restaurant am Fernsteinsee. Das Zugunglück bei Garmisch-Partenkirchen, das so im Widerstreit mit unseren erwartungsvollen und unternehmungslustigen Emotionen stand, war für diesen Moment in den Hintergrund verbannt. Vor uns lag noch eine weite, verkehrsreiche Strecke und man mag sich vorstellen, dass eine solche Etappe am ersten Tag, mitten im dicht gedrängten Urlaubsverkehr nebst Verkehrschaos wegen Sperrungen, kein Kinderspiel für eine Jugendliche mit einer 50er Vespa ist, die so frisch ihren Führerschein bestanden hat. Mit meiner 300er und mehr Erfahrung hatte ich es doch etwas leichter, aber meine Tochter schlug sich gut.

3.2 Der Regen prasselt, die Gedanken schweifen

Eine Erkenntnis stellte sich schon am ersten Tag sehr schnell ein: Reisen mit der Vespa entschleunigt. In gleichem Maße, wie die eigene Geschwindigkeit im Verkehr gegenüber einer Reise im Auto gedrosselt ist, verlangsamen sich auch die Gedanken, verselbständigen sich, gehen neue Wege.

So kam mir der Gedanke: Wie sind die Menschen eigentlich früher gereist? Garmisch-Partenkirchen ist umgeben vom Ammergebirge, dem Estergebirge und dem Wettersteingebirge.

Im Tal fließen Partnach und Loisach zusammen. Im Mittelalter gab es hier eine Handelsstation der Fugger und Welser auf dem Weg in Richtung Italien. Welche Gefährte diese wohl zur Abwicklung ihrer Handelsgeschäfte genutzt hatten? Ebenfalls im Mittelalter waren die Isar und die Loisach für ihre Flößereien bekannt, die bevorzugt dem Warentransport dienten. Auf den Straßen fuhren Kutschen, von Pferden gezogen. Bis zur

Entwicklung motorbetriebener Zwei- und Vierräder sollten noch mehrere Jahrhunderte vergehen. Auch bis zum ersten Schienenverkehr in Deutschland würde bis 1835 noch viel Wasser durch die Flüsse fließen.

Und sofort war mir das Zugunglück mit den Verletzten und Toten wieder präsent und es verdeutlichte mir die Unvorhersehbarkeit und Ungerechtigkeit des Lebens: Geflohen aus dem Kriegsgebiet in einem weit entfernten Land strandeten die beiden verunglückten ukrainischen Frauen im vermeintlich sicheren Deutschland, hatten sich und ihre Kinder gerettet, nur um anschließend bei einem Zugunglück zu sterben. Zurück blieben ihre Kinder alleine in einem fremden Land, während die eigene Heimat von Krieg, Zerstörung und Leid heimgesucht wurde.

Wir dagegen waren unterwegs, das Leben im übertragenen Sinne in vollen Zügen zu genießen und unsere Probleme bestanden aus Stau, schimpfenden Autofahrern und Regen. Es fühlte sich merkwürdig an, sich derartige Gegensätzlichkeiten und Verhältnismäßigkeiten bewusst zu machen.

Aber es zeigte mir auch, dass es richtig war, diese Reise zu unternehmen. Wer konnte wissen, was morgen sein würde? Wie oft verschieben wir Dinge auf später, die uns eigentlich wichtig wären, so lange, bis es irgendwann tatsächlich zu spät ist?

Das schreckliche Zugunglück in unserer unmittelbaren Nähe hat mir eines noch deutlicher vor Augen geführt: Die beste Zeit, einen Traum zu verwirklichen, ist *jetzt*.

Im Grunde wissen wir das alle. Und doch schieben wir den Gedanken oft beiseite, entschuldigen uns mit Verpflichtungen, stürzen uns in einen Aktivismus, der uns davon abhält, das zu tun, was wir eigentlich gerne tun würden, und begründen unser

Verhalten damit, dass jetzt eben nicht die Zeit sei für unsere Träume und Wünsche.

„Wann haben wir modernen Menschen eigentlich verlernt, die wirklich wichtigen Dinge im Leben zu erkennen?", fragte ich mich.

3.3 Nur noch ein Gedanke: wann?

Der Regen hatte aufgehört – es war an der Zeit, sich wieder auf unsere modernen Gefährte zu schwingen, dem ersten Etappenziel entgegen.

Am Verkehr hatte sich nicht viel geändert, es waren wahnsinnig viele Autos unterwegs und auch für uns war die Reise nicht ganz ungefährlich: Ab Imst begann es erneut zu regnen und Julia entging zwischen Imst und Landeck nur knapp der Kollision mit einem VW-Bus: Zweiradfahrer werden, insbesondere bei Schlechtwetter, doch gerne mal übersehen. Tatsächlich waren überdurchschnittlich viele große Fahrzeuge unterwegs, halb Deutschland schien mit Wohnmobilen dem Urlaubsdomizil entgegenzurollen. Es war schon ein wenig komisch, zu zweit so klein zwischen all den schlingernden Riesen dahin zu tuckern, denn unser Tempo richtete sich natürlich nach Julias begrenzter Geschwindigkeit.

Zu allem Überfluss hörte es nun auch einfach nicht mehr auf zu regnen. Es goss in Strömen und wir waren inzwischen völlig durchnässt. Weiter und weiter ging es in Richtung Reschenpass. Irgendwann, nachdem wir unser Ziel schon fast erreicht hatten, ließ sich endlich die Sonne wieder blicken. Vor allem Julia war mittlerweile sehr durchgefroren und ... Haben Sie schon einmal mit einer Vespa über viele Kilometer Steigung zurückgelegt, durchweicht und frierend?

Der Pass liegt in einer Höhe von über 1.500 Metern. Es war richtig anstrengend und zwischendurch machte sich in der Erschöpfung auch dezent ein wenig Unmut bemerkbar. Was, wenn uns das Wetter auf unserer gesamten Tour Wolkenbrüche bescheren würde?

Dennoch hatte aktuell ein Gedanke Priorität: Wann würden wir endlich da sein?

3.4 Endlich in Nauders – Chaos inklusive

Nach 146 Kilometern Fahrstrecke und 5,4 Stunden Fahrzeit kamen wir schließlich in Nauders an. 1.512 Meter Steigung insgesamt zeigte der Höhenmesser an und unsere Durchschnittsgeschwindigkeit lag bei stolzen 28,8 Stunden-kilometern. Ist das nicht ein gutes Tempo, bei dem die Landschaft nicht einfach so an einem vorbeirauscht? Es bleibt genug Gelegenheit, noch wahrzunehmen, was rechts und links der Straßen liegt. Unsere Wahrnehmung in den letzten Stunden hatte sich allerdings vor allem auf den Verkehr, den Dauerregen und die mit der Vespa unter diesen Voraussetzungen erst recht anstrengenden Steigungen gerichtet. Für die Impressionen der Umgebung würde sich sicher noch ausreichend Gelegenheit bieten.

Als wir gegen 19 Uhr im Hotel in Nauders eintrafen, drehten sich die Bedürfnisse nur noch um drei Dinge: trocknen, aufwärmen, ausruhen. Aber: Hatten wir es nicht so gewollt?

Nun ja – wir hatten uns auf ein Abenteuer vorbereitet, waren voller Vorfreude auf unsere Tour, unsere Freiheit und die damit verbundenen Glücksmomente. Regen hatten wir natürlich nicht eingeplant. Und so verhielt es sich mit den Glücksmomenten zunächst wie mit der Sonne auf weiten Teilen der Strecke: Sie blieben im Hintergrund. Stattdessen stellten wir fest, dass kein Föhn zur Hand war und eine Hose zum Wechseln fehlte. Immerhin, eine warme Dusche stand in Aussicht und Julia erlebte das wunderbare Gefühl, die Kälte vertreiben zu können.

Anschließend kuschelte sie sich ins Bett unter die Decke, bevor es noch Abendessen gab und wir beide das entspannende Gefühl des uns schon bald ereilenden Schlafes herbeisehnten. Mit diesem Glücksmoment des Einschlafens endete die erste Etappe – und es wäre gelogen, wenn ich behaupten würde, nicht auch stolz auf uns gewesen zu sein, ganz besonders auf Julia, die sich wacker gehalten hatte.

Trotz der Müdigkeit stellte sich auch Vorfreude auf den nächsten Tag ein, an dem wir den mystischen Reschensee passieren würden. Aus heiterem Himmel übermannte uns aber erst mal der Schlaf. Es war zwar überwiegend regnerisch gewesen und die allzu vollen Straßen waren anstrengend, dennoch hatten wir bereits mit dem Start unserer ersehnten Tour viele Eindrücke zu verarbeiten, darunter auch aufgewühlte Gefühle, angefangen mit dem Zugunglück bei Garmisch-Partenkirchen über Beinahe-Unfälle und schlecht gelaunte Autofahrer bis hin zu unserer Aufregung, dass es endlich so weit war und wir unterwegs waren.

Und ja: Wir waren am ersten Etappenziel angekommen! Jetzt, da wir in den Schlaf hinüberglitten, dämmerte uns auch das erst so langsam.

3.5 Traumhafte Ausblicke: malerisch und verwunschen

So sehr wir das Wetter an unserem ersten Reisetag verfluchten, so malerisch war die Landschaft rechts und links der kilometerlangen Passstraße und vermutlich hat sie uns durch unsere Träume der ersten Nacht begleitet.

Es ist durchaus eine sehr interessante Gegend: Am Reschenpass, gesäumt von hohen Gebirgszügen, verläuft die Wasserscheide zwischen Donau und Etsch, die schließlich in das Schwarze Meer beziehungsweise das Mittelmeer münden. Im Osten ragen die Ötztaler Alpen auf, im Westen befindet sich die Sesvennagruppe. In Richtung Nordwesten ist das Dreiländereck markiert – Österreich grenzt hier direkt an die Schweiz und Italien, wobei sich die Passhöhe bereits auf italienischer Seite befindet. Wir nächtigten jedoch zunächst noch im österreichischen Tirol; Nauders ist in einer Höhe von 1.394 Metern gelegen.

Die Impressionen der Umgebung unseres Etappenziels hatten Tiefenwirkung. Das absolute Highlight des Reschenpasses war neben der wunderschönen, beeindruckenden Landschaft zweifelsfrei der Turm im nahe gelegenen Reschensee, der uns am kommenden Tag erwarten würde. Von hohen Bergen umgeben ist der See dort in tiefem Blaugrün schimmernd eingebettet und inmitten seiner Wasser ragt der obere Teil eines alten Kirchturms hervor.

Nach dem zweiten Weltkrieg wurde zur Stromgewinnung ein künstlicher Stausee angelegt, wobei schließlich die niedriger gelegenen Ortschaften überflutet wurden. Der Protest der Bevölkerung und die Zerstörung von Wohnraum hatte die Verantwortlichen nicht interessiert. Einzig der Turm der damaligen, im 14. Jahrhundert erbauten Sankt-Peter-Kirche zeugt noch von den ehemaligen Dörfern – er hatte den Wassermassen standgehalten.

Von Bildern wussten wir: Es ist ein wahrlich märchenhafter Anblick, der mitten aus dem sechs Kilometer langen See ragende Turm, der diesen zerstörerischen Eingriff, von Menschenhand aus Komfort- und Wirtschaftsgründen vorgenommen, überstanden hat.

Die Idylle der Berge und der glatten Seeoberfläche mit dem Turm wirkte schon auf Bildern wie aus einer anderen Welt, entsprungen einem mystischen Land. Die Fantasie in ihrer grenzenlosen Freiheit fühlt sich nach Avalon versetzt. Es ist, als ob jederzeit die Herrin vom See auftauchen und einen feenhaften Zauber wirken könnte. Wie würde es sein, ihn tatsächlich zu erblicken und diese Atmosphäre aufzunehmen?

Doch nicht nur der See, sondern die gesamte Umgebung, von der wir bereits einen Abschnitt passiert hatten, hatte ihren ureigenen charismatischen Reiz, der verharren, bewundern und staunen ließ. Leider war uns die Sonne erst kurz vor Nauders gnädig gewesen und die überwältigenden, unvergesslichen Eindrücke änderten nichts daran, dass wir einfach nur erschöpft und müde waren. Zu schlafen war an diesem Abend unser einziger Wunsch, bevor wir am nächsten Morgen einem neuen Etappenziel entgegenrollen würden.

3.6.22: Wir sind startklar! Große Freiheit – Abenteuer, wir kommen!

Vor dem Regen herrscht noch gute Stimmung Trübe Aussichten

4. Tag 2 – 91,1 Kilometer: ein verdienter Ausgleich

Nach dem langen Sitzen am Vortag, begleitet vom unaufhörlichen Regen und viel Verkehr, war entspanntes Aufwachen angesagt. So ein weiches Bett im Trockenen ist wirklich erholsam. Schon regte sich der Hunger und ein Blick aus dem Fenster kündigte für heute mehr Glück mit dem Wetter an. Ob es wohl so bleiben würde?

Trotz festem Ziel vor Augen – es sollte weitergehen nach Meran, genauer Dorf Tirol – war ungewiss, was uns der Tag bescheren würde. Dessen waren wir uns nach dem Vortag mit dem Chaos auf den Straßen, den widrigen Wetterverhältnissen, schlecht gelaunten Urlaubsreisenden, begleitet von vielen Emotionen und Gedanken, bewusst.

Eines war aber gewiss: Wir gingen erst einmal ausgiebig frühstücken. Die Auswahl am Buffet war bescheidener als erwartet, aber ausreichend. Wir wurden satt und ließen uns ganz sicher davon nicht den Tag verderben.

4.1 Tolle Aussicht, nur anders

Um neun Uhr früh ging es bereits wieder los, einen kleinen Ausflug unternehmen. Unsere Roller glitzerten im Morgentau und wir fuhren zur nahe gelegenen Seilbahn. Diese brachte uns immer höher hinauf – von oben sollte man eine wunderbare Aussicht vom Mutzkopf haben.

Die hatten wir: auf viele Bäume um uns herum. Die erwartete atemberaubende Aussicht auf die malerischen Täler weiter unten blieb uns dagegen verwehrt.

Wie Bäume von unten aussehen, ist uns bekannt und wir entschieden daher, diese Aussichtstour abzubrechen.

Wir fuhren mit der Seilbahn wieder hinunter – und kamen nun doch noch ganz auf unsere Kosten. Nauders liegt auf einem Plateau an einem Südhang, eingebettet zwischen dem Reschenpass und dem Finstermünzpass. Wir hatten aus dem Sessellift einen grandiosen Blick über Nauders und die umgebenden Berge, teils wolkenverhangen, was an diesem sonnigen Tag einen tollen Kontrast ergab.

In Nauders selbst ragt auf einer Anhöhe Schloss Naudersberg empor, ein großes historisches Gebäude, beeindruckend. Der Bau begann im 12. Jahrhundert, eine erste urkundliche Erwähnung fand sich im Jahr 1325. Damals handelte es sich noch um ein kleineres Gebäude, das 1499 abbrannte.

Dem ging eine Plünderung durch die Engländer voraus. Der Wiederaufbau fiel wesentlich größer aus: Es entstand eine landesfürstliche Gerichtsburg, die auch Gefängnisse beherbergte.

Heute befindet sich ein Museum in dem mittelalterlichen Gebäude, eine Aussichtsterrasse eröffnet Besuchern den überwältigenden Blick auf die Umgebung und es gibt Ferienwohnungen für Urlauber, die die Schloss-Atmosphäre erleben möchten.

4.2 Zwischen märchenhafter Idylle und Urlaubswahnsinn

Nachdem wir all die vielfältigen Impressionen Nauders in uns aufgenommen hatten, starteten wir, kulinarisch genügsam, aber gesättigt, und seelisch frisch gestärkt die zweite Etappe unserer Tour in Richtung Meran, Dorf Tirol. Wir fuhren weiter den Reschenpass hinauf und gelangten zum märchenhaften Reschensee, der überraschend wenig Wasser aufwies. Das änderte allerdings kaum etwas an dem bezaubernden Anblick, den der See bot. Die Wasseroberfläche war intensiv türkis und spiegelglatt, mitten darin ragte der obere Teil des Turmes aus dem Wasser heraus. Im Hintergrund boten hohe Bergzüge in sattem Grün mit tiefblauem Himmel darüber eine traumhafte Kulisse: ein Anblick, an dem wir uns kaum sattsehen konnten.

Wir lösten uns schließlich von dieser unvergleichlichen Idylle und ließen den Reschensee hinter uns. Der Weg führte uns weiter durch interessante, bergige grüne Landschaften, aus denen sich hin und wieder historische Gebäude erhoben, die aus der Ferne gelegentlich wie aus dem Berg gemeißelt wirkten. Es folgte ein absolutes Muss für jeden, der durch St. Valentin fährt: ein Halt an der Backstube Angerer – so eine Auswahl an frisch duftendem Brot hat man selten gesehen. Nicht vergessen: „ein Paarl Vinschgerl" (ein Paar Vinschgauer) mitnehmen – es gibt wahrscheinlich keine Besseren!

Erneut gestärkt und innerlich erfüllt von all den Impressionen, die wir an diesem Morgen bereits erleben durften, rollten wir weiter nach Glurns im Vinschgau. Der wahnsinnige Verkehr stand in krassem Gegensatz zu der märchenhaften Idylle noch kurze Zeit zuvor. In Südtirol schienen sämtliche Straßen aufgrund der

Pfingstfeiertage sowie der Ferien in einigen Regionen verstopft. Auf dem ebenfalls idyllischen Marktplatz in Glurns konnten wir kurz durchatmen und uns vom dortigen Treiben berieseln lassen.

4.3 Der Weg ist das Ziel

An Tag zwei war die Strecke kürzer als am Vortag und die Sonne schien kräftig vom blauen Himmel. Waren wir gestern durchnässt und froren, rollten wir nun bei satten 31 Grad dahin. Die Hauptstraße mieden wir auf der Weiterfahrt und wichen auf wesentlich gemütlichere und stressfreier befahrbare Nebenstraßen aus. Vor uns tauchte eine Oldtimer-Kolonne mit Traktoren aus der Schweiz auf, der wir ohne unser Ausweichmanöver gar nicht begegnet wären. Wir folgten diesen etwas anderen Gefährten ein gutes Stück, bis wir uns im Algunder Ort Forst wiederfanden.

Ein eindrucksvolles Gebäude erregte unsere Aufmerksamkeit: Es war die Forstbrauerei. Erste Überlieferungen der Südtiroler Braukunst gehen etwa auf das Ende des ersten Jahrtausends nach Christus zurück. Die Brauerei in Forst wurde 1857 gegründet und ist heute eine der größten und bedeutendsten Bierbrauereien Italiens. Daneben gibt es dort einige Wirtshausbrauereien, die ihr eigenes Bier herstellen. Das Bier der Brauerei in jenem auffälligen Gebäude allerdings hat sich bis über die Landesgrenzen hinweg einen Namen gemacht.

So konnten wir unterwegs immer auch unseren Horizont um etwas Historisches und Kulturelles bereichern, was eine tolle

Ergänzung zu den landschaftlichen Horizonten darstellte, die sich uns unterwegs boten.

4.4 Meran, wir kommen!

Auch dieser Zwischenstopp war ein willkommener Ausgleich zur bisweilen doch anstrengenden Fahrt im gedrängten Urlaubsverkehr. Wir schwangen uns frisch motiviert wieder auf die Roller und steuerten unserem heutigen Etappenziel Meran entgegen. Wiederum nutzten wir eine für unsere Zweiräder nicht freigegebene Straße. Die bis dahin abwechslungsreiche Landschaft mit ihren Bergen, Tälern, faszinierenden Gebäuden und beschaulichen Dörfern wich langen Tunneln, die wir durchquerten, bis wir schließlich Meran erreichten.

In Aussicht auf die spätere Entspannung und Erholung im Hotel traten wir noch die für Julias 50er und sie selbst beschwerliche Fahrt bergauf ins Dorf Tirol an. Der steile Anstieg war nur langsam zu bewältigen, aber wir hatten Zeit und nahmen auch hier viele Eindrücke mit. Die Mühe hatte sich erneut gelohnt. Am Ziel erwartete uns eine paradiesische Oase: Wir kamen in unserem Hotel an, einer wundervollen Anlage, die uns kontrastreichen Komfort im Vergleich zu unserer interessanten, aber bisweilen ermüdenden Tour auf zwei Rädern bot. Es war ein sonniger Nachmittag und heute fielen wir nicht gleich erschöpft ins Bett.

Im Hotel inspizierten wir begeistert unser Zimmer, von dem aus wir eine überwältigende Aussicht auf die Alpenlandschaft und hinab nach Meran hatten. Die verlockenden, weichen Betten konnten warten, den Nachmittag verbrachten wir inmitten der Berge der Umgebung am und im Hotelpool. Das war Entspannung pur, die vor allem Julia im Wasser und auf der Liege sichtlich genoss. Genossen hat sie auch die Erdbeer-Roulade und sie umgehend zu ihrem Lieblingsessen erkoren, wobei sie vermutlich dort im Sonnenschein am Rand des erfrischenden Pools, umgeben von den Alpen, ganz besonders gut geschmeckt hat.

4.5 Zeit, sich zu verwöhnen

Wir hatten vor, den restlichen Tag ausgiebig zu genießen und uns etwas Gutes zu gönnen. Nach dem entspannenden Nachmittag am Pool knurrten die Mägen. Es lockte uns zur Befriedigung unserer kulinarischen Gelüste nach Meran ins Kurhaus. Diesmal fuhren wir zusammen auf meiner 300er. Mein Plan, eine Abkürzung hinunter nach Meran zu nehmen, erwies sich als pures, schweißtreibendes Abenteuer. Wir rollten durch die Weinberge und Apfelplantagen; an den sonnigen Hängen ging es sehr steil bergab. Die Eindrücke der Natur hätten wir sicher mehr genießen können, wäre die Abfahrt nicht so gefährlich gewesen. Kinder, die uns unterwegs begegneten, zeigten uns schließlich einen Weg, über den wir ohne Hals- und Beinbruch nach Meran gelangten.

Nach diesem abenteuerlichen Abkürzungsmanöver hatten wir den uns dort erwartenden Ausgleich wahrlich verdient. Auch Meran mit rauschend fließendem Gewässer durch grüne Landschaften und mit eindrucksvollen Gebäuden hat einiges für die Sinne zu bieten. Erneut hatte sich die Mühe des Vortags, angefangen beim Chaos und den aufwühlenden Ereignissen nebst nicht enden wollendem Regen gelohnt. In Meran und Dorf Tirol gibt es noch viele mittelalterliche Spuren, etwa das Schloss Tirol mit seiner bewegten Vergangenheit. Von dem sonnigen Plateau, auf dem Dorf Tirol gelegen ist, sind es etwa sechs Kilometer hinunter nach Meran. Hier fließt die Passer zwischen der Altstadt und den moderneren Stadtteilen hindurch, um schließlich in die Etsch zu münden. Nördlich von Meran zieht sich der Fluss durch das urige Passeiertal, entlang eines alten Handelsweges. Mir kam der Gedanke: „Ob das jener ist, den auch die Fugger und Welser seinerzeit nutzten?"

Wir waren erst den zweiten Tag unterwegs und hatten schon so viel gesehen und erlebt, dass es uns viel länger vorkam. Die Zeit gewinnt eine ganz andere Bedeutung oder scheint einfach bedeutungslos, wenn man umgeben von massiven hohen Bergzügen durch idyllische Dörfer rollt und jeden Moment ganz tief in sich aufnehmen kann.

Um das Glück des Tages zu vollenden, begaben wir uns mit der Aussicht auf saftige Steaks ins Kurhaus. Geparkt hatten wir etwas abseits und alles gut gesichert – auf unliebsame Überraschungen konnten wir getrost verzichten. Nach der nachmittäglichen Wellness am Pool gab es nun also als Gaumenschmaus noch Wellness für den Magen. Es wurde Abend und die Stimmung beleuchteter Gebäude vor Bergmassiven und inzwischen dunkelblauem Himmel war, wie so oft seit wir unsere Tour angetreten hatten, eine unvergessliche.

Damit sollte unser abendliches Verwöhnprogramm keinesfalls enden. Gesättigt und zufrieden fuhren wir zurück ins Hotel, diesmal ohne abenteuerliche Wege zu wählen. Der Komfort des Hotelzimmers entschädigte uns endgültig für die Strapazen des

Vortages und die im Vergleich dazu kleineren Anstrengungen dieses Tages.

4.6 Wie auf Wolken

Unsere heutige Strecke brachte uns 91,1 Kilometer weiter, für die Fahrt benötigten wir 2,44 Stunden. An diesem sonnigen Tag waren wir mit 33,2 Stundenkilometern etwas flotter unterwegs als an dem vom Regen bestimmten Vortag. Der Höhenmesser zeigte auch nur 475 Meter an, wobei es bergauf und bergab bisweilen doch recht steil gewesen war.

Die Betten lockten und es war ein Gefühl wie auf Wolken, sich in den weichen Komfort zu kuscheln. Die Eindrücke des heutigen Tages waren noch so präsent und doch schlummerten wir sanft hinweg, dem neuen Tag entgegen. Die Erlebnisse und vielfältigen, intensiven Impressionen heute hatten die Unannehmlichkeiten des Vortags wirklich mehr als wettgemacht.

Was würde uns morgen erwarten? Würden wir es weiter ohne Pannen schaffen? Würde das Wetter wieder mitspielen? Vom schönen Dorf Tirol sollte es weiter in Richtung Gardasee gehen – eine beeindruckende Strecke.

Für Julia musste es bisher schon ganz besonders lohnend gewesen sein, verfügte sie doch erst seit wenigen Tagen überhaupt über ihren Führerschein und der Weg bis dahin war steinig gewesen. Ob sie sich hatte träumen lassen, was sie als der Mühe Lohn erwartete? Natürlich war es auch anstrengend zwischendurch, aber sie meisterte alle Herausforderungen hervorragend und war einfach nur cool. Vor allem: Alles, was wir erlebten, ließ die Mühen und Unannehmlichkeiten zwischendurch schnell in den Hintergrund treten, wir wurden stets großzügig und reichlich von der überwältigenden Natur und den vielen kleinen und großen Sehenswürdigkeiten unterwegs belohnt.

Noch lagen einige spannende Tage und viele, viele Kilometer vor uns, doch jetzt lullte uns erst einmal sanft der verdiente Schlaf ein und wir schwebten auf den Wolken unserer Erinnerungen ins Traumland. Was wir da noch nicht wussten: Bereits zum Frühstück würde uns das Thema „Träumen" auch am kommenden Tag beschäftigen.

On the road...

Unser Weg führt durch beeindruckende Landschaft.

Zwischenstopp am Reschensee

Verdiente Erholung

Abendlicher Ausflug nach Meran

Mit vielen Eindrücken geht der Tag zu Ende.

5. Tag 3 – 105,2 Kilometer: Träume, Erinnerungen und andere Realitäten

Es war morgens, sechs Uhr, als ich aufwachte und von der aufgehenden Sonne am Berg gegenüber begrüßt wurde. Ein neuer spannender Tag erwartete uns. Noch lagen die Häuser von Schenna, das sich mit seinen Ortsteilen auf mehrere Höhenlagen verteilt, im Schatten und es herrschte völlige Stille – bis auf das Rauschen der Passer, die dem Passeiertal seinen Namen gegeben hat. Die traumhafte Morgenstimmung bot sich an, den vorangegangenen Tag Revue passieren zu lassen und mich für die heutige Tour zu wappnen: Von Dorf Tirol sollte es weitergehen über den Kalterer See und Trento bis an den Gardasee.

Nachdem später auch Julia ihr Tagbewusstsein wieder erlangt hatte, gab es Frühstück inmitten der friedlich wirkenden Berglandschaft. Die Überschriften der heutigen Bildzeitung wirkten da irgendwie surreal und unpassend: „Gunhilde (74) verklagt die Regierung" – eine Rentnerin wollte per Gericht ihren Anspruch auf das Energiegeld geltend machen. Die Probleme der Welt wirkten für uns so fern.

Wir saßen mitten in unserer Realität beim Frühstück in Südtirol vor einer atemberaubenden Kulisse, vor uns lag eine weitere Etappe unserer Tour in die *Cinque Terre*. Steigende Lebensmittel- und Energiepreise, Klimakrise, Krieg, Aufrüstung, Corona, Entlastungspakete und Staatsverschuldungen, all das wirkte so weit weg und wenig greifbar.

Eine andere Schlagzeile lautete „Früher war ich Julia, jetzt bin ich Julian". Ich war froh, dass meine Julia immer noch Julia war. Sie war plötzlich reifer geworden, ohne ihre jugendliche Leichtigkeit verloren zu haben. Dieser anderen, fern wirkenden Realität der Zeitungsnachrichten gegenüber stand echte Butter aus der Algunder Sennerei in greifbarer Nähe vor uns auf dem Tisch. Eine andere Überschrift, die einer kleinen Aufmerksamkeit des Hotels, brachte diese widersprüchlichen Eindrücke des Realitätsempfindens auf den Punkt: „Reisen ist wie Träumen."

Wir saßen hier, mitten in einem Traum, der dennoch pure Realität war. Unser Alltag mit all seinem Ballast nebst dem Weltgeschehen schien dagegen die eigentliche, wenig greifbare Traumwelt zu sein. Es fühlte sich merkwürdig an. Wir konzentrierten uns nach dem Frühstück daher auf unser nächstes Etappenziel Riva del Garda.

5.1 Den Erinnerungen entgegen

Nach einem ausgiebigen Frühstück, der Auseinandersetzung mit fern wirkenden Realitäten und dem Empfinden, sich mitten in einem lebendigen Traum zu bewegen, saßen wir auch schon wieder auf unseren Rollern. Wir fuhren in Richtung Bozen und hatten dort eigentlich einen Zwischenstopp geplant. Die Fahrt gestaltete sich aber auf ausnahmsweise ruhigen Straßen dermaßen entspannt und durch viele Apfelplantagen hindurch und an Weinbergen vorbei so traumhaft schön, dass wir einfach weiter nach Kaltern rollten.

Dort überkamen mich Erinnerungen. Hier war ich bereits mit meinen Eltern gewesen. Es zog mich an den Kalterer See, den ich ebenfalls mit Erinnerungen verband – mit meinen Eltern war ich dort Tretbootfahren. Das war nun sicher schon über 40 Jahre her. Vielleicht würde auch Julia in einigen Jahren nostalgisch in Erinnerungen an unsere gemeinsame Tour schwelgen?

Am Kalterer See kehrten wir ein und genossen den Ausblick direkt am Wasser auf einer Terrasse. Leicht bewegt kräuselte sich die Wasseroberfläche vor uns und die Tretboote lagen noch verlassen und wartend auf ausflugsfreudige Gäste am Steg. Ich konnte meine Gedanken fließen lassen; Erinnerungen vermischten sich in scheinbarer Zeitlosigkeit mit dem Hier und Jetzt und wurden um den Aufenthalt am See, diesmal zusammen mit meiner Tochter, bereichert.

5.2 Aus der Zeitlosigkeit des Seins gerissen

Es sollten an diesem Tag noch einige bestehende und künftige Erinnerungen mehr werden, daher schwangen wir uns wieder auf unsere Roller, nächster Zwischenstopp Trento. Wir passierten Apfelbäume, Apfelbäume und nochmals Apfelbäume.

Man konnte sich fast in der Zeitlosigkeit des Seins verlieren, doch aus dieser wurden wir jäh zurück in eine andere Realität gerissen. Der Verkehr wurde mehr, die Landstraße zweispurig. Schwere SUVs mit drei oder vier Fahrrädern im Gepäck und massige Caravans waren unterwegs.

Es war bemerkenswert, wie sich insbesondere die deutschen Reisenden im Straßenverkehr verhielten. Vermutlich nahmen sie alle diese Landstraße, um die Autobahngebühren zu sparen. Ist es nicht absurd, solch teure Fahrzeuge zu sehen und zugleich eine derartige Knausrigkeit anzunehmen? „Typisch deutsch" kam mir in den Sinn, ebenso in Anbetracht des Fahrstils der deutschen Urlaubsreisenden. Es waren ausschließlich Deutsche, die diesen Streckenabschnitt für uns gefährlich machten – wieder eine Herausforderung für Julia.

Endlich kamen wir, glücklicherweise unversehrt, in Trento an und gönnten uns eine Pause: Auf der Piazza del Duomo erholten wir uns bei einem Espresso vom typisch deutschen gedanken- und rücksichtslosen Urlaubsverkehr in einer italienischen Bar. Es war eine Wohltat, nun in typisch italienischem Ambiente mit entspannten, offenen Einheimischen um uns herum. Wiederum wechselten wir damit von einer Realität in eine andere. Im Anschluss statteten wir der wunderschönen Kathedrale noch einen Besuch ab und stellten dort eine Kerze für meine Eltern auf – auch dies wird sicher in Erinnerung bleiben.

Trento ist eine schöne Stadt, die zum Verweilen einlädt. Der Domplatz mit seinem barocken Neptunbrunnen gilt als Zentrum der geselligen Universitätsstadt und die Altstadt ist wirklich sehenswert. Westlich der Altstadt fließt die Etsch durch Trento, was zwischen den hohen Bergen der Alpen wie so vieles, was wir bisher gesehen hatten, ein traumhaft idyllischer Anblick war. Von den drei hohen Bergen, die um die Stadt herum aufragen, hat Trento übrigens auch den Namen – der schlicht vom Italienischen „tre" für "Drei" abgeleitet ist. Doch so einladend die Stadt war, unser Tagesziel war Riva del Garda und wir hatten noch einige Kilometer vor uns!

5.3 Stürmische Weiterfahrt

Die Küste von Riva del Garda ist bekannt für kräftige Winde und eine Kostprobe bekamen wir bereits auf dem Weg dorthin. Er führte uns durch ein herrliches landschaftliches Panorama über den Lago di Toblino und das Sarcatal hinab nach Torbole und wir bekamen es mit sehr starkem Seitenwind zu tun.

Das Gebläse war für Julia wiederum eine ganz neue Erfahrung auf ihrem Zweirad. Wir passierten mehrere Seen – stets aufs Neue ein wunderbarer Anblick, dieses helle Blau des Wassers, darüber der blaue Himmel mit vereinzelten weißen Wolken, an den Ufern leuchtende Grüntöne. Die Mühe, bei dem argen Wind mit unseren Rollern aufrecht und auf der vorgesehenen Strecke zu bleiben, hat sich in dieser stimmungsvollen Umgebung gelohnt und am Nachmittag erreichten wir unser Ziel Riva del Garda.

5.4 Erwacht in einem neuen Traum

Ich war überrascht, wie viele Straßen hier gebaut worden waren – ich hatte den Ort noch völlig anders in Erinnerung. Einen Abschnitt unserer Tour war ich bereits auf der Alpe-Adria-Route mit dem Fahrrad gefahren und weitere Erinnerungen kamen mir ins Gedächtnis, zum Beispiel, wie wir damals alle zusammen in das erfrischende Nass des Gardasees gesprungen waren. Diesmal jedoch war ich mit meiner Tochter unterwegs und in unserem Hotel fühlten wir uns sofort paradiesisch, ganz wie in einem neuen Traum erwacht. Auf der Anlage ragten Palmen und

Zypressen empor und auch der Pool lag von dieser Vegetation eingerahmt, was dem Ganzen ein intensives mediterranes Flair verlieh. Dies und der Anblick des Sees weckten die Sehnsucht nach Segeln und spontan entschied ich: Hierher müssen wir noch mal zurückkommen für ein Wochenende auf dem Wasser.

Am Pool wurde es uns schnell zu deutsch, das passte nicht in diesen Traum. Es waren fast ausschließlich Münchner dort und es hallte, völlig unpassend zu dem Ambiente:

„Marlon, die Pizza Vegetariana ist da! Sagst du dem Marlon mal, die Pizza ist da?!"

„Ja. Die Pizza ist da, Marlon! – Wie Du sie wolltest" erklang es aus dem Hintergrund.

Münchner Schickeria halt – ohne Worte. In Anbetracht dessen unterzogen wir zunächst unser Zimmer einer näheren Inspektion. Umgehend befanden wir uns wieder in unserer traumhaften Stimmung. Das Wetter war typisch für diese Gegend: morgens frische, klare Luft bei strahlend blauem Himmel, gefolgt von der prallen Mittagshitze, nachmittags nahmen die Wolken zu und es bahnte sich ein Gewitter an. Auch an diesem Abend sollte es kurz, aber heftig gewittern. Noch blieb uns aber bei schönem Wetter Zeit, den Nachmittag zu genießen.

Diese Zeit verbrachten wir auf der geräumigen Hotelanlage und am See, auf dem Surfer ihre Freude am Wind hatten. Der Blick auf den bewegten See mit den mächtigen Bergen im Hintergrund gab erneut Gelegenheit, den Gedanken freien Lauf zu lassen. Tatsächlich stimmte mich der viele Verkehr bis hin zu zahlreichen langen Staus durch fast ausschließlich deutsche Urlauber nachdenklich und auch hier waren wir von so vielen ausgelassenen, sorglos urlaubenden Deutschen umgeben, und das wo wir doch unserem eigenen Alltag eigentlich hatten entfliehen wollen!

5.5 Die Wellen rauschen, die Gedanken fließen

Die Einschränkungen und wirtschaftlichen Probleme aufgrund von Corona in den letzten beiden Jahren, die so viele Menschen zum Jammern brachten, teils auf hohem Niveau, schienen wie weggeblasen. Eine Inflation, begonnen mit Corona und sich massiv steigernd durch den Krieg in der Ukraine, die hohen Lebensmittel- und Energiepreise, schienen nicht existent. Man war mit großen, teuren, sprithungrigen Fahrzeugen unterwegs und ließ es sich in einem luxuriösen Hotel überschwänglich gut gehen. Für Marlon fiel zwischendurch eine Pizza ab und auch allen anderen schien es an nichts zu mangeln. Man tat und speiste, wonach einem beliebte, Geld spielte offensichtlich keine Rolle. Wozu noch mal gab es dieses viel diskutierte 9-Euro-Ticket in Deutschland?

Noch befanden wir uns in der Heimat anscheinend doch in einer Wohlstandsgesellschaft, wenngleich viele alte und junge Menschen am sogenannten Existenzminimum lebten und sich viele besorgt äußerten, im nächsten Winter nicht heizen zu können oder Probleme wegen steigender Stromkosten und vor allem der Lebensmittelpreise fürchteten. Davon war hier nichts zu spüren. Die wahren Probleme spielten sich in anderen Teilen der Welt ab und viele Deutsche schienen Meister darin, derartiges im Urlaub zu verdrängen, während man zugleich mit den Autobahngebühren knauserte und sich zu Hause sicher über die teuren Entwicklungen echauffierte. Deutsche in Deutschland einerseits und die deutschen Urlauber andererseits zu erleben, das löste widersprüchliche Gefühle aus.

Natürlich waren auch wir Reisende und gegenwärtig an diesem Ort. Für mich machte es nur einen kleinen Unterschied, mir und meiner Tochter diesen Traum zu erfüllen, nachdem sie ihren Führerschein bestanden hatte. Unsere Aufenthalte in Hotels waren Zwischenstopps, essenziell dagegen waren die täglichen Etappen und Eindrücke. Es spricht ja gar nichts dagegen, wenn Menschen in den Urlaub fahren und sich dieses Extra noch leisten können. Es waren nur wieder diese enormen Gegensätze – diese ausgelassene deutsche Urlaubsstimmung hier passte einfach nicht zu den Entwicklungen und Geschehnissen in der Welt, die am Rande auch Deutschland und den bisherigen Lebensstandard tangieren. Das Geld schien so locker zu sitzen wie vor Corona, und Sorgen schien niemand zu haben. Energiekrise und Inflation – mir kam es vor, als seien all das Worte aus einer anderen Welt.

5.6 Bewusster leben und erleben

Mir wurde erneut klar, dass dies aktuell eine sehr intensive Zeit war, sowohl auf unserer Tour als auch das Weltgeschehen und die Entwicklung betreffend. Ich fragte mich, inwieweit Deutschland und die Deutschen überhaupt krisentauglich waren. Mir fehlte in dieser Urlaubsstimmung drumherum einfach jegliches vage mitschwingende Bewusstsein dafür, dass es gerade ganz und gar nicht ausgelassen, sorglos und rosig in der Welt aussah. Es fehlte ein gewisses Bewusstsein dafür, wie dankbar man sein konnte, einfach in den Urlaub zu fahren. Es fühlte sich an, als würde es von allen als selbstverständlich hingenommen, als stünde einem dieser Komfort und Luxus zweifelsfrei und ohne Wenn und Aber zu. Die Urlauber um uns herum, ob auf der Straße oder hier, wirkten dezent überheblich in ihrer Einstellung und dem Verhalten, welches sie an den Tag legten.

War es tatsächlich aus jeglichem Bewusstsein ausgeblendet, dass die aktuellen Entwicklungen in eine Richtung gingen, die derartige Selbstverständlichkeiten und Komfortzonen kurzerhand kippen konnten? Wäre es nicht an der Zeit, auch den essenziellen kleinen Dingen des Lebens mehr bewusste Aufmerksamkeit zu schenken? Nahmen all diese Leute die wunderschöne Umgebung und die landschaftlichen Stimmungsbilder überhaupt mit ihren Sinnen wahr?

An dieser Stelle regte sich mein eigenes Gewissen im Hinblick auf Leichtfertigkeit: Ich nutze eine App, in der ich Tag für Tag sämtliche Nahrungsmittel erfasse, die ich verspeise. Der Hintergrund ist ein gesetztes Limit von 1.900 Kalorien täglich. Heute hatte ich allein zum Frühstück bereits 1.200 Kalorien. Ich wusste, dass ich das Maximum an diesem Tag überschreiten würde. So fiel die Entscheidung, die Roller heute Abend stehen zu lassen.

5.7 Ein erfüllter Tag neigt sich dem Ende

Nach dem abendlichen Gewitter gingen wir zu Fuß ins Stadtzentrum. Riva del Garda ist mit seiner mediterranen Leichtigkeit, gepaart mit dem rauen, windigen Klima an den Ufern des Sees, einzigartig. Das Stadtbild erinnert noch vage daran, dass sich hier eine Festung befand, als deren Überbleibsel und Wahrzeichen der Uhrenturm gilt. Im Zentrum der Stadt an der Nordspitze des Lago di Garda herrschte lebhaftes Treiben und das Panorama der Umgebung war fantastisch.

105,2 lohnende Kilometer hatten wir zurückgelegt, die heutige Fahrtzeit lag bei 3 Stunden und 29 Minuten. Der Höhenmesser zeigte 1.711 Meter und die Durchschnittsgeschwindigkeit betrug gute 33,3 Stundenkilometer.

Lohnend war es auch, dass wir uns entschieden hatten, den Weg zu Fuß anzutreten. Im Grunde erschien es mir wie eine logische Schlussfolgerung in Anbetracht all der Gedanken um die deutsche Sorglosigkeit und die Energiekrise. Zudem konnte ich mir auf diese Weise noch etwas Bewegung verschaffen und mein Gewissen wegen der heutigen hohen Kalorienzahl beruhigen.

Wir hatten Glück, noch einen Platz im Außenbereich zu bekommen und wurden im Restaurant Bella Vista köstlich versorgt. Satt und zufrieden traten wir zu Fuß den Rückweg an und Julia gönnte sich noch das Vergnügen, zu shoppen. Merkwürdig war an diesem Abend ein Pärchen, das uns die ganze Zeit zu beobachten schien. Hatten sie etwas Übles im Sinn oder dachten sie, der ältere Herr vergnüge sich mit einem jungen Mädchen?
Sei's drum: Der folgende Tag sollte uns zum Iseosee führen und, was wir selbstverständlich noch nicht wussten, zwischendurch recht aufregend werden. Nun aber ließen wir uns in die verlockenden Hotelbetten fallen, positiv überwältigt von diesem bewegten Tag, gespannt, welche Träume uns die Nacht bescheren würde.

Umgeben von Apfelbäumen

Quality Time zu zweit...

Besinnliche Pause am Dom von Trento

Traumhafte Landschaft – und das Wetter spielte mit!

Julia im 7. Shopping-Himmel

Abendessen mit beeindruckender Kulisse

6. Tag 4 – 96,9 Kilometer: Wann sind wir endlich am Ziel?

An Tag 4 sollte unsere Fahrt von Riva del Garda zum Iseosee verlaufen.

Der Tag begann erstaunlich banal, wie gelegentlich zu Hause, ein Müllauto war unterwegs und ich wurde von den Geräuschen wach. Erneut war es ein sonniger Tag und als auch Julias Lebensgeister wieder erwacht waren, stärkten wir uns für die nächste Etappe mit einem ausgiebigen Frühstück. Zum Glück, denn wie sich herausstellen sollte, hatten wir das auch nötig, da unsere Nerven unterwegs auf die Probe gestellt werden sollten.

Erneut würde uns der Weg bergauf und bergab führen, teils durch äußerst unangenehme Situationen.

Im Rückblick kommt es mir wie eine Analogie auf das Leben vor, das uns immer wieder durch Höhen und Tiefen führt. Manche Phasen sind einfach und alles gleitet nur so dahin wie die unterwegs an uns vorbeiziehenden Landschaften, andere sind beschwerlicher und es scheint kaum ein Vorankommen zu geben. Es gibt im Leben schöne, erfüllende und unschöne bis brenzlige Situationen – ganz wie auf unserer Tour. Es gab immer wieder Situationen zum Lachen, aber auch solche, die das Gemüt erhitzten oder zum Nachdenken anregten.

Wir waren offen, was uns dieser Tag und diese Fahrt bringen würden. Schon saßen wir wieder auf unseren Rollern, das nächste Etappenziel im Visier.

6.1 Das Licht am Ende des Tunnels

Der erste Teil des Weges ging mal wieder bergauf. So langsam spürten unsere Hintern das stundenlange Sitzen und die Anstrengungen der Fahrt. Die Streckenabschnitte bergauf waren, vor allem für Julia mit ihrer 50er, beschwerlich.

Wir fuhren also die nächste anstehende Steigung hoch und fanden uns in einem sehr langen Tunnel wieder. Das war ohnehin schon ein mulmiges Gefühl. Als uns allerdings ein mit Holz beladener LKW in diesem Tunnel mit hoher Geschwindigkeit entgegendonnerte, war das eine wahre Zerreißprobe für die Nerven. Julia bekam Angst und auch mir wurde ganz anders.

Bald hatten wir den Tunnel aber passiert und konnten aufatmen, einerseits, ihn hinter uns gelassen zu haben, andererseits in Anbetracht der befreienden Weite des Ledrotals mit seinen Gerüchen nach frisch gemähtem Gras und üppigen Wiesen. Wir hatten das sprichwörtliche Licht am Ende des Tunnels erreicht.

Lässt sich auch das nicht wunderbar auf das Leben übertragen, das befreite Gefühl, auf- und durchatmen zu können, wenn eine düstere, beschwerliche Phase geschafft ist?

6.2 Unterwegs auf den Straßen des Lebens

Weiter ging es bergauf. Zu unserer Freude waren wir nicht die langsamsten – ein Schwerlast-LKW drosselte auf dieser Strecke sein Tempo, wir tuckerten ebenfalls gemächlich dahin.

Der Steigung folgte erneut ein Stück des Weges bergab und unsere Sinne waren geradezu erfüllt von den wunderschönen Naturszenen, die sich uns boten. Der Himmel zeigte sich in unglaublich tiefem Blau, um uns herum leuchtete alles in den unterschiedlichsten Grüntönen und die türkisblaue Oberfläche des Sees im Val di Ledro spiegelte das klare Himmelslicht. Bei solchen Anblicken klart unweigerlich auch der Geist auf, man fühlt sich so rein und frei wie das Flair der Umgebung und die klare Luft.

Da geht das Gefühl für die Zeit schnell verloren. Die Gedanken flossen dahin und ich fragte mich unweigerlich: Wo ist eigentlich das Ziel? Warum müssen Menschen immer ein Ziel vor Augen haben und können nicht einfach den Augenblick, das reine Sein erleben? Ständig hetzen wir von einem Ziel zum nächsten. Ist das eine erreicht, wird schon ein weiteres angestrebt, das es unbedingt zu erreichen gilt. Können wir auf diese Weise eigentlich jemals ankommen? Alles sind lediglich Etappenziele, anscheinend mit dem einzigen Sinn, nach dem Erreichen des einen ein neues anzusteuern, und so fort.

Ein wirkliches Ziel als solches, eines zum tatsächlichen, endgültigen Ankommen, gibt es gar nicht. Es war vergleichbar mit unserer Tour. Täglich steuerten wir ein neues Etappenziel an, um schließlich unser Endziel *Cinque Terre* zu erreichen, doch diesem vermeintlichen Endziel würde wiederum ein neues Ziel folgen: nach Hause.

Dort würde das Leben wieder von Verpflichtungen und Terminen bestimmt sein, den täglichen kleinen Zielen, morgens rechtzeitig aufzustehen, in die Schule oder ins Büro zu gehen, dort seine Aufgaben zu erfüllen und Termine wahrzunehmen, das abendliche Ziel wäre schließlich die Bettzeit, das Aufstehen am nächsten Morgen schon im Bewusstsein.

Auf unseren Rollern steuerten wir stets einem fixierten Ziel entgegen. Natürlich nahmen wir trotzdem alles um uns herum wahr und sammelten intensive Eindrücke unterwegs. Letztendlich blieb der Fokus dennoch auf der Zielgeraden.

Gewissermaßen beginnt das mit der Geburt. Mit dem ersten Atemzug steuern wir unserem Endziel entgegen, dem Tod. Die

Zeit dazwischen möchten wir auskosten, möglichst viel erleben, etwas erreichen, setzen uns fortwährend neue Ziele, hasten von einem zum nächsten, nur, um schließlich jenes Endziel zu erreichen, das unsere Körper wieder zu Staub zerfallen lässt, das das Ende des ersehnten Erlebens des Lebens bedeutet.

Dabei nimmt das Leben ohnehin unweigerlich seinen vorbestimmten Lauf, dem Gesetz von Werden und Vergehen folgend. Eigentlich könnten wir uns doch einfach treiben lassen, uns so frei fühlen, wie die traumhafte, intensiv gefärbte Landschaft um uns herum wirkt. Wir könnten uns auf das Sein konzentrieren, uns einfach mitziehen lassen von den Wundern des Lebens, so, wie wir es in diesem Moment auf der Straße in diesem herrlichen Ambiente taten.

Für den Augenblick waren unsere Sinne ganz erfüllt, doch wir konnten gar nicht anders: Wir wollten trotzdem das nächste Etappenziel erreichen, ankommen, das erhabene Gefühl erleben, auch dieses Stück geschafft und viele Eindrücke mitgenommen zu haben. So fuhren wir dahin auf den Straßen unseres Lebens, dem Iseosee entgegen.

6.3 Tanzende Sterne auf unserem Weg

„Man muss noch Chaos in sich haben, um einen tanzenden Stern gebären zu können." Diese Worte legte Nietzsche seinem Zarathustra in den Mund.

Das Leben von Ziel zu Ziel ist das Gegenteil: Menschen benötigen Ordnung und Orientierung, sie hangeln sich an der Zeitachse entlang. Wir orientieren uns an der Uhrzeit, am Kalender, an den Himmelsrichtungen, an den Namen von Ortschaften, an Entfernungen, Größenverhältnissen und Gewichtsangaben.

Werte werden in Geld bemessen, über Schulabschlüsse, Berufsabschlüsse und das Erscheinungsbild definieren wir uns.

Wir möchten wissen, wer wir sind und dafür benötigen wir Erfahrungswerte. Wir möchten uns austesten, wissen, was wir erreichen können. Dafür setzen wir uns all diese Ziele und streben ihnen entgegen.

Sind Etappenziele und Orientierungspunkte nicht auch eine Notwendigkeit? Ein Kind entwickelt sich, lernt laufen und sprechen, bemüht sich um einen Schulabschluss, um sich eigenständig durchs Leben zu bewegen. Hätten wir keine Orientierungen, würden wir dahingleiten, desorientiert, könnten unser Ich nicht von der Umwelt abgrenzen, uns nicht definieren, hätten kein Identitäts- und Wertegefühl, könnten uns nicht selbst erfahren. Doch ist es wichtig, auch mal innezuhalten, sich nicht in der Hast von Ziel zu Ziel zu verlieren und nicht am Leben vorbeizuleben. Auch die Seele möchte auf ihre Kosten kommen, die Sinne möchten erfüllt werden und nicht abstumpfen und auch die vielen Gedanken und Emotionen, die sich im Laufe des Lebens rühren, haben ihre Daseinsberechtigung und den Anspruch, bewusst wahrgenommen zu werden.

Dennoch bin ich überzeugt von den Worten Buddhas: „There is no road to happiness – happiness is the road". Die Formel, der viele unter uns folgen – immer neue Ziele in Angriff zu nehmen und sie erreichen zu wollen, ist bei mir schon länger nicht mehr existent: Als Aldrin und Armstrong vom Mond zurückkamen, feierte man sie auf der Erde und fragte: „Seid ihr nicht die glücklichsten Menschen der Welt, das höchste Ziel, das ein Mensch je erreicht hat, auf dem Mond zu stehen, erreicht zu haben?" Armstrong überlegte einen Moment und sagte: „Auf dem ganzen Rückweg vom Mond ging mir nur ein Gedanke durch den Kopf: Das war alles?"

Wir verbinden immer mit der Erreichung eines Zieles, dass wir jetzt ungeheuer glücklich sein müssen. Die Wahrheit ist: Die Angst ist weg, du bist erleichtert. Mach dir nichts vor. Wenn du ein Ziel erreicht hast, ist die Spannung weg. Das ist natürlich ein tolles Gefühl – aber Erfolg und Zufriedenheit sind etwas anderes! Sind Ziele damit nicht sinnvoll?

„Die Freude ist überall. Es gilt nur, sie zu entdecken", wusste Konfuzius und „Der Weg entsteht, wenn man ihn geht". Laotse ergänzt dazu: „Nur wer sein Ziel kennt, findet den Weg". Ist das nicht ein guter Kompromiss? Wir kennen unser nächstes Etappenziel, was aber kein Grund ist, alles unterwegs einfach vorbeirauschen zu lassen, während der Fokus stur und verbissen auf dem Ziel verbleibt.

Halten wir es, wie der österreichische Schriftsteller Franz Grillparzer es ausdrückte: „Monde und Jahre vergehen und sind immer vergangen, aber ein schöner Moment leuchtet das ganze Leben hindurch."

Wir möchten viele schöne Momente in uns aufnehmen und mitnehmen, um sie in Erinnerung zu behalten und sie uns bereichern zu lassen, während wir uns an der Zeitachse entlang bewegen, dem nächsten Fixpunkt auf unserer Strecke entgegen.

Wir gestatten uns einfach, auch mal das Dasein ohne Orientierungspunkte zu genießen, diese in den Hintergrund geraten zu lassen. Aus dem Chaos, der Ursuppe, ist die gesamte Schöpfung entstanden – mit all ihren leuchtenden Sternen. Schlummert in unserem reinen Sein nicht ebenfalls enormes Potenzial? Doch wie sollte es sich entfalten, wenn wir ihm nicht eine Richtung geben, indem wir uns Ziele setzen?

Auf dem Weg dorthin sammeln wir die leuchtenden Momente ein, die uns das ganze weitere Leben als Erinnerungen und Bereicherungen begleiten werden. Wir bleiben zielstrebig, erlauben es uns aber, zwischendurch innezuhalten, um die tanzenden Sterne unseres Seins zu erleben.

6.4 Es wird italienisch

Wir passierten den Passo Ampola – ein sehenswertes Fleckchen Erde inmitten der Alpen. Auf der Weiterfahrt ragten steile Berghänge neben uns auf. Zwischen diesen nackten, hohen Felswänden kann man sich wahrlich klein und verloren fühlen. Unter einer Brücke bahnte sich ein bewegtes Gewässer den Weg durch Felsen und Geröll, gespeist von einem beeindruckenden Wasserfall. Immer wieder begegneten uns LKW, die daran erinnerten, dass es irgendwo auch noch Zivilisation geben musste. Urlauberautos dagegen waren immer weniger auf den Straßen zu sehen.

Der Weg führte nun wieder bergab und weiter unten wechselten die Temperaturen zwischen warm und kalt, was uns doch etwas zu schaffen machte. Julias Gedanken schweiften – so erzählte sie mir beim Abendessen – nach Jesolo nordöstlich von Venedig an der Adria. So ein entspannter Tag bei Sonnenschein am Meer, zwischendurch eine kleine Abkühlung, war verlockend.

Stattdessen führte unser Weg durch ein beschauliches kleines Dorf mit teils noch urtümlichen Gebäuden. An einem Tabakladen machten wir Halt und fühlten uns erstmals ganz in Italien. Uns erwartete die typische Mentalität eines kleinen Ortes, der nur wenig vom Tourismus frequentiert wurde.

In dieser Umgebung war es wieder einfach, den Augenblick zu erleben, keinem besonderen Ziel entgegenzustreben.

Es herrschte ein beschauliches Treiben im Laden. Menschen standen um den Tresen herum, neben Tabakwaren gab es Zeitungen, Kaffee, Brioche, Spielzeug und Lottoscheine. Ob Pfingstmontag in Italien Feiertag ist, weiß ich nicht, aber niemand schien es eilig zu haben. Ein Mann mit Zigarre rubbelte auf seinem Los herum und sobald er festgestellt hatte, dass es kein Gewinn war, stand er auf, um sich ein neues zu kaufen. Das wiederholte sich und wiederholte sich. Zeit spielte hier keine Rolle.

Auf Deutsch wurden wir in diesem Ort nicht bedient, beherrschten aber einige Worte Italienisch und konnten uns verständigen. Zwei weitere deutsche Touristen tauchten mit ihren E-Bikes auf und hatten weniger Glück. Ohne wenigstens einige Worte in der Landessprache kam man nicht weit. Dies war Italien pur. Man konnte sich fühlen, wie in eine andere Zeit versetzt. In dieser Gegend gab es Plumpsklos, was sicher ein Grund dafür war, kaum deutsche oder andere Touristen anzutreffen. Deutsche Autos waren jedenfalls in dieser Gegend, im Gegensatz zu unseren vorherigen Abschnitten, kaum noch zu sehen.

Plötzlich sah ich ein mir sehr bekanntes Gesicht auf den Tabacchi zuzusteuern und konnte es kaum glauben: Herr Schubert aus meinem Verwaltungsteam machte an diesem verlassenen Fleckchen Erde Urlaub. Was für ein Zufall! Die Welt scheint ja doch ziemlich klein. Gibt es eigentlich Zufälle?

Wir nahmen alles tief in uns auf und mit auf unseren weiteren Weg Richtung Iseosee. Schon folgte die nächste Anstrengung mit einer so starken Steigung, dass Julias Vespa sie nur im einstelligen Stundenkilometerbereich hinaufschaffte. Eine Herausforderung waren auch noch extreme Kurven für sie, die sie sehr vorsichtig fuhr. Aber sie meisterte alles.

6.5 Paradigmenwechsel

Fühlten wir uns an diesem Ort, dessen Namen wir nicht einmal kannten, noch wie in eine andere Welt versetzt, ereilten uns auf anderen Streckenabschnitten erneut Paradigmenwechsel. Wir fuhren durch reine Industriegebiete, eine große Fabrik reihte sich an die nächste. In Gardone Val Trompia, einem abgelegenen Ort nahe Brescia, ist die Waffenfabrik Beretta ansässig. Berühmt für Champagner und vollmundige Weine ist Ca' del Bosco in Erbusco, einer anderen kleinen Stadt in der Lombardei. Die ganze Gegend ist wirtschaftlich enorm produktiv und wichtig für Italien; sie bietet aber auch immer wieder mit Palmen gesäumten Straßenabschnitten, Weinbergen und wenig befahrenen Strecken interessante natürliche Kontraste.

Ein wenig Nostalgie kam in abgelegeneren Bereichen in mir auf in Anbetracht der dort gesichteten alten Fiat Panda. Ich mag diese Raritäten und ein weiterer Wunsch regte sich in mir. Ob ich mir auch mal einen zulege?

6.6 Jetzt sind wir am Ziel

Erneut erreichten wir das Ziel dieses Tages voller Stolz nach 96,9 Kilometern, gefahren in 3 Stunden und 24 Minuten, um viele Eindrücke und Erlebnisse reicher. Der Höhenmesser zeigte diesmal 390 Meter an, die Julias Vespa teilweise nur in Schrittgeschwindigkeit geschafft hatte, trotzdem kamen wir auf eine Durchschnittsgeschwindigkeit von 31 Stundenkilometern.

Am Nachmittag genossen wir den Aufenthalt am Iseosee, dem viertgrößten der norditalienischen Seen. Wir ließen uns tatsächlich etwas treiben – in einem Boot auf dem See. Es tat gut, die Seele so baumeln zu lassen.

Im Hotel allerdings ließ der Service zu wünschen übrig und ein Kellner bekam etwas Nachhilfe im Umgang mit zahlenden Gästen. Beim Abendessen wurden wir wieder philosophisch. Es drehte sich in unseren manchmal sehr tiefgründigen Gesprächen um: „Ordnung im Kopf ist Ordnung im Schrank". Da waren sie wieder, die Ordnungsgedanken. Ein aufgeräumter Kopf ist gut sortiert, fit und leistungsfähig.

In einem aufgeräumten Schrank behält jeder den Überblick und findet sich zurecht. Bei einem bunten Haufen Klamotten dagegen wird gewühlt und gesucht, bis das Richtige gefunden ist, stets aufs Neue. Shoppen mag Spaß machen, aber noch mehr Klamotten vergrößern das Chaos nur. Julia versucht, sich mit dem Ordnungsgedanken anzufreunden. Zumindest hat sie es mir versprochen.

Für Belustigung sorgte mein tanzender Stern namens Julia schließlich lautstark im Lokal beim Bezahlen, als ich die Kreditkarte im Zimmer vergessen hatte und ich sie bat, sie zu holen: „Papa, die goldene oder die schwarze Kreditkarte?"

Die Zeit schritt voran, es wurde dunkel und wir schlummerten dem nächsten Morgen entgegen, an dem wir uns vorgenommen hatten, Cremona anzusteuern.

Knapp 350 km stehen schon auf dem Zähler.

Das Flair wird immer mediterraner

Verdiente Pause

Neuer Urlaubslook

Zeit zum Relaxen

Ein Sonnenuntergang wie aus dem Bilderbuch

7. Tag 5 – 90,9 Kilometer: immer wieder Zeitsprünge

Nachdem wir am gewittrigen Vorabend vom Regen verschont geblieben waren, öffnete der Himmel in der Nacht die Schleusen. Es gewitterte sehr stark und ich musste die Fenster schließen, da es stark hineingeregnet hatte.

An Schlaf war nicht mehr zu denken in Anbetracht des Wetters und der nun stickigen, heißen Luft im Zimmer bei dem geschlossenen Fenster. Eine Lüftung oder Klimaanlage gab es nicht. Hoffentlich war das kein Omen für den kommenden Tag.

Beim Aufstehen prasselten noch immer Regengüsse herunter. Sollte der Tag tatsächlich derart ungemütlich weitergehen? Immerhin hatten wir uns vom Iseosee aus fast 100 Kilometer Strecke nach Cremona vorgenommen.

Als erstes sollte es aber ein ausgiebiges Frühstück geben und im Anschluss zeigte sich, dass der Wettergott uns doch noch wohlgesonnen zu sein schien: Der Regen hörte auf und sogar die Sonne wagte ein Blinzeln durch die sich auflockernden Wolken. Der Anblick der Berge, der Wolken und der durchscheinenden aufgehenden Sonne war wieder einmal überwältigend.

7.1 Eintauchen in eine andere Zeit

Wir wollten noch die Roller auftanken und fühlten uns wie schon einige Male zuvor in eine andere Zeit versetzt. Der Tankwart zeigte sich freundlich und zuvorkommend und ging seiner Aufgabe mit einer Leidenschaft nach, die man selten erlebt. Er erledigte jeden Handgriff mit Hingabe, ganz nach alter Schule.

Hektik gab es nicht, er war völlig auf seinen Service und zufriedene Kunden bedacht. Typische italienische Mentalität strahlte er aus – Gelassenheit gepaart mit natürlicher Offenherzigkeit und all das ganz ohne Eile. Hier war einfach das unverfälschte pulsierende italienische Herz zu spüren.

Viele Straßenabschnitte auf der Weiterfahrt muteten ebenfalls wie aus einer anderen Zeit an. Einige Teile waren frisch geteert, doch solche waren selten. Überwiegend war die Strecke in erbärmlichem Zustand, je weiter wir nach Süden kamen. Deutschen Fahrzeugen begegneten wir später gar nicht mehr; vermutlich legten deutsche Durchschnittstouristen doch großen Wert darauf, ihre Komfortzone nicht zu verlassen.

Der Iseosee selbst hat sich mit seinen naturbelassenen Landschaften, italienischen Spezialitäten und teils noch mittelalterlichen Gebäuden in der Umgebung einen ursprünglichen Charme bewahrt. Touristen sind hier zwar anzutreffen, die Orte sind allerdings wesentlich weniger stark frequentiert bis überlaufen und auch wesentlich weniger touristisch ausgerichtet als die Ortschaften an den anderen, größeren Seen Italiens. Dennoch findet hier ein ganz zeitgemäßes Leben statt, wie wir feststellen durften, als wir in eine Polizeikontrolle gerieten. Die Angst, unsere Weiterfahrt würde durch die kontrollierenden Herrschaften jäh beendet werden, da Julia in Italien mit 15 noch keinen Roller fahren durfte, begleitete uns die gesamte Tour. Deren Interesse galt jedoch den Autofahrern.

7.2 Zwischen Eintönigkeit und Abwechslung

Die Straßen waren auf dieser Strecke nicht nur größtenteils in schlechtem Zustand, sondern auch oft leer, was die Fahrt teilweise recht eintönig machte. Immerhin mussten wir uns nicht mehr mit deutschem Massentourismus herumplagen und es gab kaum anstrengenden bis unübersichtlichen Verkehr. Der Straßenbelag war die einzige Herausforderung.

Wir fuhren also die bisher langweiligste Strecke. Das schien Julia dazu veranlasst zu haben, sich etwas Abwechslung zu verschaffen: Sie telefonierte während der Fahrt über die Apple Watch, ein Verhalten, für das sie sich von mir eine Strafpredigt einfing, denn so langweilig die Fahrt auch sein mochte, konnte man nie wissen, in welch unvorhergesehene Situationen man plötzlich geriet. Da meine Tochter ihren Führerschein erst kürzlich absolviert hatte, war es mir wichtig, dass sie sich voll aufs Fahren konzentrierte.

Das spannendste waren die Regenwolken hinter uns. Dem schlechten Wetter waren wir einfach davongefahren und die dunklen Wolken verfolgten uns, wie im Rückspiegel zu sehen war. Glücklicherweise bekamen wir allenfalls zwischendurch mal einige wenige Tropfen ab.

7.3 Moderne Highlights in der Eintönigkeit

Auf den öden Straßen durch sattgrüne Landschaften und malerische Orte schien die Zeit stillzustehen. Zwischendurch fühlten wir uns abrupt aus fast altertümlich wirkenden Verhältnissen immer wieder hinaus in die moderne Welt gerissen, zum Beispiel als wir den Golf Club *Franciacorta* passierten. Die achtzig Hektar große grüne Oase verfügt zwischen Wäldern und Weinbergen über drei Routen, die bei Golfern wohl sehr beliebt sind.

Ein weiteres Highlight erwartete uns mit dem Weingut *Ca' del Bosco*. Die *Strada del Vino* verwies zwar darauf, dass es in der Nähe liegen musste, wir absolvierten aber eine kleine Irrfahrt.

Das Navi kannte sich hier offensichtlich nicht besonders gut aus und wir mussten einige Male umkehren, bis wir das Weingut gefunden hatten.

Die Mühe hatte sich schließlich gelohnt – es war wirklich beeindruckend. Die Weine haben sich international einen Namen gemacht. Die Produktion der edlen Tropfen wurde von dem Begründer Maurizio Zanella aus reiner Leidenschaft begonnen. Mit 18 Jahren bat er seinen Vater um einige Hektar Land zum Weinanbau und in den folgenden Jahren sollte die bis dahin unbekannte Gegend bis über die Landesgrenzen hinaus berühmt für die von *Ca' del Bosco* produzierten Schaum- und Stillweine werden. Der Besuch des Weingutes versetzte uns erneut aus der altertümlichen Straßenödnis in eine moderne Idylle mit stilvollem wirtschaftlichem Charakter.

Weiter ging es über eintönige Straßen in veraltetem Zustand, umgeben von Weinbergen, als uns die nächste hochmoderne Überraschung erwartete. Wir kamen an einem Porsche Rennsportzentrum vorbei.

Neugierig geworden, fuhren wir spontan auf das Gelände, um einen Blick auf die Edellimousinen zu werfen, und wurden durch das dortige Sicherheitspersonal prompt wieder hinausgeleitet. Für spontane Besucher war der Zutritt leider nicht gestattet. Schon gar nicht mit nicht standesgemäßen Gefährten.

Mit dem Wetter hatten wir weiterhin mehr Glück und den Weinanbaugebieten folgten hinter *Franciacorta* endlose Maisfelder. Wir waren von Mais umgeben, so weit das Auge reichte und befanden uns anscheinend in der Kornkammer Italiens.

Wir passierten größere Ortschaften wie San Paolo mit einigen tausend Einwohnern, unweit der Kulturstadt Brescia gelegen. Wie so viele Orte erzählen noch viele Gebäude und Sehenswürdigkeiten Jahrhunderte und Jahrtausende alte Geschichten. Regelrecht beschaulich und charakteristisch dagegen sind kleine Dörfer wie San Martino in Beliseto bei Castelverde mit nur gut 400 Einwohnern, bereits nahe Cremona gelegen.

7.4 Altertum und Neuzeit nahe beieinander

Auffallend war, dass immer mehr Fliegen unterwegs waren, seitdem wir den Iseosee verlassen hatten. Woran das lag, darüber lässt sich nur spekulieren.

Cremona erreichten wir am frühen Nachmittag und checkten im Hotel ein. Dort gab es einen recht unheimlichen Fahrstuhl, der sich in einer atemberaubenden Geschwindigkeit von gerade mal gefühlten zwei Zentimetern pro Sekunde nach oben bewegte. Da es einerseits eine halbe Ewigkeit zu dauern schien, bis er uns nach oben gebracht haben würde und andererseits Platzangst darin drohte, nahmen wir doch lieber die Treppen. Unser Zimmer überraschte uns dagegen mit angenehmem Komfort, für den wir nach dem durch die Eintönigkeit dann doch irgendwie anstrengenden Fahrtag dankbar waren.

In Cremona setzte sich der ständige Wechsel zwischen Altertum und Neuzeit fort. Die Stadt in der Lombardei liegt in der Po-Ebene links des Flusses und ist bekannt für die Tradition des Geigenbaus, was ihr vor etwa zehn Jahren die Auszeichnung als immaterielles Kulturerbe der UNESCO einbrachte. Im Zentrum der Stadt, auf der *Piazza del Comune*, finden sich viele mittelalterliche Gebäude mit charakteristischen architektonischen Merkmalen unter anderem der Gotik, der Renaissance und des Barock. Noch älter sind Überbleibsel aus der Römerzeit wie die in den 1970ern freigelegte *Strada Basolata Romana* – die Überreste ehemaliger Römerstraßen. Die Stadtgründung erfolgte Archäologen zufolge bereits um etwa 200 vor Christus.

Zwischen all den historischen Spuren findet in Cremona das moderne Leben statt – so auch unser Mittagessen. An dieser Stelle holte uns schließlich der Regen in großzügigen Massen ein. Wir saßen draußen vor dem Hotel und hatten Muscheln mit Toastbrot und einem guten Glas Weißwein bestellt. Als auf einmal der Regenguss einsetzte, rückten wir einfach mit den anderen Gästen unter den wenigen Schirmen zusammen. Die Kellnerin servierte die Speisen unbeeindruckt durch den Regen und das Essen war einfach, aber richtig köstlich. Wir empfanden Lebensfreude pur, als wir da eng an eng mit den anderen Menschen saßen, völlig unkompliziert. Dieser Moment war wieder geprägt von typisch italienischem Flair.

Fünfzehn Minuten später war der Platzregen auch schon vorbei und wechselte sich mit blauem Himmel ab. Wir sollten daher noch ausgiebig Gelegenheit haben, Cremona zu erkunden. Ein auffallender Kontrast war die unbeeindruckt durch den sintflutartigen Regen laufende Kellnerin einerseits und eine vor dem Dom andererseits, die Schwierigkeiten hatte, auf zwanzig Euro sieben Euro Wechselgeld auszurechnen. In unserer ausgelassenen Stimmung, umgeben von italienischer Lebensart und all den mediterranen Eindrücken, nahmen wir dies jedoch eher amüsiert als verärgert zur Kenntnis.

7.5 Auf den Spuren der Vergangenheit

Bevor wir uns in Cremona auf die Spuren der Vergangenheit begaben, gönnten wir uns ein neuzeitliches Verwöhnprogramm. Julia bekam im Mani Luna Nails die Nägel gemacht, die sich anschließend in strahlendem Weiß zeigten. Ich genoss den Besuch beim Friseur und die Tatsache, dass der Barbier seine Kunst ebenso mit Hingabe beherrschte wie zuvor am Tag der Tankwart inbrünstig professionell mit seinem italienischen Charme bei der Sache war.

Anschließend war unsere nächste Station das Museo del Violino – das Violinenmuseum mit seinen zahlreichen Saiteninstrumenten. Es handelt sich dabei um die kunstvoll hergestellten Instrumente früherer bekannter Geigenbauer wie Antonio Stradivari, später ergänzt um weitere solcher wertvollen Kunstobjekte. Das Museum beherbergt heute eine sehr umfangreiche Sammlung, darunter neben Geigen auch Bratschen, Kontrabässe und Celli. Ihnen allen ist gemeinsam, dass sie von berühmten traditionellen Luthiers hergestellt wurden, wie die Geigenbauer genannt wurden. Stradivari findet zudem außerhalb des Museums seine Ehrung. Nach ihm ist die *Piazza Antonio Stradivari* benannt und dort befindet sich eine Statue des Geigenbauers.

Mindestens ebenso beeindruckend, wie das Museo del Violino ist der Dom mit seinem Turm, der als Wahrzeichen von Cremona gilt. Auch an diesem eigentlich romanischen Bauwerk sind gotische, barocke und weitere architektonische Einflüsse zu sehen. Das ist darauf zurückzuführen, dass der Bau bereits Anfang des zwölften Jahrhunderts begann, das Gebäude aber zerstört wurde. Der anschließende Neubau wurde der heiligen Santa Maria Assunta geweiht und in den folgenden Jahrhunderten ständig erweitert. Erst im 15. Jahrhundert erfolgte die Fertigstellung der Fassade.

Das spontan so Beeindruckende an dem Dom ist, dass er gleichermaßen kunstvoll wie duster erscheint. Im Inneren entzündeten wir Kerzen für Oma, Opa und Omimi – eine Geste, die wir im weiteren Verlauf unserer Tour beibehalten wollten. Danach ging es hoch auf den Turm, der im 13. Jahrhundert auf einem alten Friedhof erbaut worden sein soll. Dort gibt es eine metergroße astronomische Uhr, vor allem aber Stufen.

Genau 502 an der Zahl stiegen wir hinauf, bis wir endlich die tolle Aussicht über Cremona genießen konnten. 112 Meter hoch ist der Turm und war noch bis im 20. Jahrhundert als höchster Kirchturm Italiens bekannt. Bis wir oben ankamen, waren wir erst einmal aus der Puste, konnten bei dem wunderbaren Anblick, der sich uns bot, aber glücklicherweise wieder zu Atem kommen. Die im Vergleich wenigen Hotelstufen später nach oben zu unserem Zimmer konnten wir nur noch müde belächeln.

7.6 Zurück in die Gegenwart – einem neuen Tag entgegen

Nach der doch bis auf die erwähnten Highlights recht eintönigen Fahrt auf marode wirkenden Straßen nach Cremona war der restliche Tag nach der Ankunft wesentlich abwechslungsreicher. Wir hatten viel gesehen und den allgegenwärtigen Kontrast zwischen Gegenwart und Vergangenheit bestaunt. Mal fühlten wir uns zurück ins Altertum versetzt, im nächsten Moment fanden wir uns bereits im modernen Leben mit all seinem Komfort und seinen technologischen Errungenschaften wieder.

Dazu zählten auch die kulinarischen Köstlichkeiten, die den Abend schließlich einläuteten. Der blaue Himmel färbte sich langsam dunkler und die Stimmung wechselte: Stilvoll wurden die Gebäude um uns herum beleuchtet, was vor allem den historischen Gemäuern, die doch am Tag teilweise etwas duster gewirkt hatten, eine fast schon märchenhafte Ausstrahlung verlieh.

Auf diesen Tag konnten wir wie auf die bisherigen zufrieden zurückblicken, um einige bleibende Erinnerungen reicher. Vom Iseosee bis Cremona hatten wir bei einer Fahrtzeit von 2 Stunden und 56 Minuten 90,9 Kilometer mit durchschnittlich 31 Stundenkilometern zurückgelegt. In Anbetracht der Straßenverhältnisse war das doch eine bemerkenswerte Leistung. Der Höhenmesser zeigte 390 Meter an, was am nächsten Tag wieder wesentlich mehr werden sollte.

Auch bewegter würde es zugehen mit kurvenreichen Straßen und vielfältigeren Eindrücken unterwegs. Die kommende Strecke war zudem länger als die heutige, wir hatten uns also einiges vorgenommen. Sie würde uns über den *Passo Colle* führen, einen Gebirgspass, der mit seiner Steigung und fast 1.000 Metern Höhe nur eine der Herausforderungen darstellen würde.

Zuvor hatten wir den *Passo del Pellizzone* zu überwinden, etwa ebenso hoch gelegen. Es war gar nicht so unwahrscheinlich, dass wir uns zwischendurch auf die eintönigen, schlecht befahrbaren Straßen dieses Tages zurücksehnen würden, auf denen wir jegliches Gefühl für die Zeit verloren hatten.

Wir wollten am nächsten Morgen weiter fahren nach Compiano in der Provinz Parma, ebenfalls gespickt mit historischen Sehenswürdigkeiten und original italienischem Flair. Gewiss ein außergewöhnlicher Blickfang ist das *Castello di Compiano* – eine hoch gelegene, sehenswerte mittelalterliche Burg mit urtümlichem Charme, heute mit Hotel und drei Museen darin.

Noch rechnete ich allerdings nicht damit, dass in unserem aktuellen Hotel gleich der Morgen von italienischem Charme begleitet sein würde – und von einer Überraschung.

Zunächst aber lockte der wohlverdiente Schlaf, der vielleicht in Träumen vom Bewältigen unendlich vieler Stufen begleitet sein würde, um nur einem altertümlichen Fahrstuhlmonster zu entkommen, das einen vor sich hin rumpelnd verschlingen wollte. Doch eigentlich waren wir in der Tat vom Aufstieg etwas erschöpft. Immerhin hatten wir auch ihn geschafft und die vielen Treppen hatten erneut die Kalorienverbrennung angekurbelt. Morgen wäre es wieder Aufgabe unserer Roller, die Steigungen zu meistern.

Etappenziel erreicht: Cremona.

Julia ist mittlerweile routiniert auf dem Roller.

Verkehrsmittelparade *all'italiana*...

Lohnender Aufstieg auf den Dom.

Der Abend klang stimmungsvoll aus.

8. Tag 6 – 107,7 Kilometer: im Wandel der Zeit

Mit dem Aufwachen stellte ich fest: „Ich bin wieder ein Jahr älter" – es war mein Geburtstag. Andererseits war es auch wieder nur ein Tag, wie viele andere auch.

Und tatsächlich wird man in jedem einzelnen Augenblick älter, die Geburtstage sind lediglich die gezählten Jahre und erinnern uns daran, dass wir älter werden. Es ist wieder etwas, an dem sich Menschen orientieren. Viel wichtiger ist aber doch ein erfülltes Leben, egal in welchem Alter.

Mit jedem Erlebnis entwickelt man sich, wird um Erfahrungen reicher und gewinnt an Reife. Vorlieben und Gewohnheiten ändern sich, Einstellungen und Meinungen werden immer wieder angepasst, manchmal drehen sie sich auch um 180 Grad und wieder zurück.

Natürlich freute ich mich über all die Glückwünsche und Geburtstagsüberraschungen aus der Ferne, die schon morgens eintrudelten. Aber wichtiger war mir, den Moment, den Tag, hier zu erleben, zusammen mit meiner Tochter, auf dieser Reise, die wir so lange herbeigesehnt hatten.

Es folgte ein Frühstück, das mich ebenfalls überraschte. Ich fühlte mich um 40 Jahre zurückversetzt. Vor uns standen aufgeschnittener gekochter Schinken und Käse sowie Marmelade in kleinen Einwegverpackungen, wie es früher einmal üblich war. Hinter dem Tresen brühte die Seele des Hotels frischen Espresso, ganz die italienische Mama für ihre Gäste. Die Zeit schien stillzustehen. Es war ein tolles Erlebnis, das sich draußen fortsetzte: Ein kleiner Markt war aufgebaut und wir schlenderten gemütlich durch das italienische Flair zu unseren Rollern.

8.1 Intermezzo: die Phasen des Lebens

So in der Zeit zurückversetzt regten sich Gedanken an frühere Urlaube, als ich noch ein Kind war. Wir verbrachten sie in Jesolo an der Adria. Es war das Paradies. Punkt. Nichts gab es, das nur in die Nähe dieser Herrlichkeit reichte, für Jesolo hätte ich Weihnachten gegeben!

Einmal im Jahr wurde ich um vier Uhr morgens von meinen Eltern aus dem Bett gerissen, mit Wurstbrot und Tee beruhigt, ins Auto gesetzt und kam ein paar verschwitzte Stunden später an: Wo in einer schwer beschreibbaren Wolke aus Gerüchen und Geräuschen alles war wie immer, wo eine mediterrane Faust einen packte und in einen anderen, besseren Seinszustand hob: Die Luft schien sich in der Hitze zu verflüssigen, das Meer dahinter ging wie blauer Nebel direkt in den Himmel über, dazu geschäftiges Geschirrgeklapper aus der Hotelküche, der Strand mittags brennend heiß, man überquerte ihn kreischend, von einem Sonnenschirmschattenfleck zum nächsten fliegend wie eine sonnenölverschmierte Gazelle.

Es roch nach Salz und Fisch, das Rollen des Meeres konnte dem Landkind nachts ganz schön laut werden, vierzehn Tage lang bekam man die Sandkörner nicht aus den Haaren und Ohren. Die Haut tat bald ein bisschen weh, wenn man nach dem Mittagessen, in der größten Hitze, im stockdunklen Zimmer unter das rauhe weiße Laken kroch. Wenn man bleischwer schlief nach Pastabergen, beruhigend begleitet von dem ununterbrochenen Tellerklappern, das gleichmäßig an der Hotelwand emporstieg.

Später tapste man über die roten Kokosläufer wieder hinunter, wo die Männer Karten spielten und die Frauen sich sonnten oder akribisch die Angebote der fliegenden Händler (Schmuck, nachgemachte Handtaschen) prüften. Zur Belohnung für den Mittagsschlaf durfte man sich ein Eis holen, und dann ging der Tag ein zweites Mal los, schwimmen, rennen, Sandburgen bauen, sich gegenseitig im Sand eingraben, Krabben mit Käschern fangen, Tretboot fahren, Boccia spielen bis zum Abendessen. Und abends dann die Wonne Lunapark, die Eltern spendabel wie nie, und wenn sie fanden, es sei genug, ließen die Freunde der Eltern noch eine Schlussrunde springen.

Inzwischen verbrachte ich selbst mit meiner Tochter die Urlaube dort. Ich war damals begeistert, Julia ist es heute. Dazwischen gab es eine ganz andere Phase, in der ich diese Art Urlaub doch eher als spießig und langweilig konservativ empfand. Ich wollte etwas erleben und von der Welt sehen, statt den Anblick der peinlich penibel in Reih und Glied aufgestellten Liegen am Strand vor Augen zu haben. Eine Tour, wie ich sie nun, Jahrzehnte später, mit Julia unternahm, entsprach schon eher meinen damaligen Vorstellungen. Damals, den Kinderschuhen entwachsen, war ich war frei und ungebunden, eigene Kinder hatte ich noch keine und so zog es mich hinaus ins Unbekannte.

Dennoch übt Jesolo nun schon über drei Generationen hinweg eine magische Anziehung auf mich und meine Familie aus – immerhin fahre ich seit nunmehr 49 Jahren ununterbrochen immer in das gleiche Hotel, ins gleiche Zimmer und habe den gleichen Liegestuhl am Strand. Meine Eltern liebten den Aufenthalt dort, ich war als Kind verzaubert – und auch wenn sich meine Sicht der Dinge zwischendurch ins Gegenteil wandelte: Als ich dann selbst stolzer Familienvater war, gab es auf einmal wieder nur ein einziges Urlaubsziel – Jesolo.

Ist das spießig? Kleinbürgerlich? Uncool? Peinlich?

Abenteuer- oder Kulturlaub ist es zweifellos nicht. Aber vielleicht könnte man sagen: Es ist das Abenteuer Alltagskultur. Jesolo ist vor allem: unprätentiös, verlässlich, stabil und ehrlich. Es ist, was es ist, unverrückbar steht es da, eine kilometerlange Schlange pastellfarbener Hotels für alle, die sich nicht zu fein sind. Das Wetter ist beständig, zu Strand und Meer gibt es Essen, Prosecco vom Fass und Mainstream-Konsumgüter. Und damit basta. Jesolo bietet keine Phantasien, keinen „Lifestyle", keine

Mode an, niemand muss irgendetwas Bestimmtes sein, um hier im Liegestuhl zu liegen.

Würde es Julia ebenso ergehen wie mir? Würde sie Jesolo irgendwann nicht mehr so faszinieren, um ihre Sturm- und Drangzeit auszuleben, nur um in späteren Jahren ihre Liebe zu dem Badeort wiederzuentdecken und genau diesen Charme Jesolos schätzen?

Das Rätsel der Sphinx aus der griechischen Ödipus-Sage: "Welches Wesen ist am Morgen vierfüßig, am Mittag zweifüßig und am Abend dreifüßig?" beschreibt genau jene Phasen des Lebens. Das heranreifende Kind, das sich zunächst krabbelnd auf vier Beinen fortbewegt und heranreift, bis es sich selbstbestimmt auf zwei Beinen durchs Leben bewegen kann; höher, weiter, schneller. Im Alter wird der Mensch gebrechlicher, benutzt vielleicht einen Stock als Gehhilfe und alles verläuft wieder gemächlicher.

Mit fortschreitendem Alter kommen die Erinnerungen an die Kindheit zurück. Der Forscherdrang hat nachgelassen und man kann aus seinem ordentlich aufgestellten Liegestuhl heraus in aller Ruhe das Treiben drumherum genießen, bekommt seine geregelten Mahlzeiten und freut sich über den zuverlässigen Ablauf. Am Strand tummeln sich kleine Kinder, für die der Sand ein großer Abenteuerspielplatz ist. Ganze Familien in drei Generationen sind anzutreffen, wobei sich Oma und Opa irgendwann um den Nachwuchs kümmern und die Eltern von der Verantwortung und ständigen Aufsichtspflicht befreien. Die können unterdessen ohne quengelndes Kleinkind im Schlepptau ausgiebig shoppen gehen, sich kulinarisch verwöhnen lassen oder sich ein zuvor verachtetes spießbürgerliches Wellnessprogramm gönnen.

Diese drei Phasen des Lebens, wie sie sich in den Jesolo-Urlauben ganz besonders spiegeln, faszinierten mich ebenso wie die ständigen gefühlten Zeitsprünge auf unserer Tour.

Die sollte uns heute nach Compiano führen, wo erneut Spuren des tiefsten Mittelalters und moderne Standards zusammentreffen.

8.2 Raus aus Cremona, rein in den Verkehr

Ich befand mich wohl in einer Zwischenphase. Das mediterrane Tourismus-Flair von Jesolo, jedes Jahr dasselbe Hotelzimmer und meine Stammliege zwischen all den anderen, die in ihrer akkuraten Reihe wirkten, als wären sie mit einem riesengroßen Lineal exakt ausgerichtet worden, übte einfach einen ganz eigenen Reiz auf mich aus. Ebenso genoss ich es, auf unseren Vespas quer durch Italien und atemberaubende Landschaften zu fahren, kurvenreiche steile Anhöhen hinauf und wieder hinunter, das Gefühl von Freiheit und Abenteuer zu erleben. Statt dem sorgfältig bewirtschafteten, touristisch ausgerichteten Strandabschnitt an der Adria umgab uns die charakteristische Natur Italiens und wir passierten urtümliche Dörfer mit authentischen alten Gebäuden und idyllischen Cafés am Straßenrand.

Kaum aus Cremona hinaus, überquerten wir zunächst eine ellenlange Brücke über den Po und bestaunten die Breite des Flusses. Auch dessen Farbe hinterließ einen bleibenden Eindruck – sauberes Wasser sah anders aus. Allgemein schien es in Italien einige Rückstände zu geben. Abgesehen von dem einfachen Leben in kleinen Ortschaften, wo die italienischen Bewohner weitgehend unter sich waren, fuhren wir immer wieder über Straßen in erbärmlichem Zustand. Auch in Sachen Klimaschutz gab es noch viel Potenzial. Offensichtlich mangelte es dem Staat an Geld, um in eine nachhaltige Zukunft zu investieren.

Noch auf der Brücke brach der Halter meines Handys vom Spiegel ab. Das Telefon blieb glücklicherweise unversehrt, aber von nun an navigierte uns ausschließlich meine Apple Watch durch den regen Verkehr. An einer Tankstelle machten wir Halt, um für die weitere Strecke gerüstet zu sein. Es wiederholte sich das bekannte Erlebnis eines mit Liebe und Hingabe agierenden Tankwarts, der zuvorkommend seinen Job erledigte. Wir fuhren noch etwa zehn Kilometer weiter über stark befahrene Straßen, bis wir auf eine Landstraße abbogen und uns wie in einer anderen Welt fühlten. Die mit zahlreichen Schlaglöchern gespickten Straßen waren kaum befahren; und so legten wir zig Kilometer ohne Begegnungen zurück.

8.3 Es wird abenteuerlich

So einsam die Landstraßen waren, über die wir dahinrollten, so abenteuerlich war es auch, sie zu befahren. Meine Uhr hatte die korrekte Abzweigung in Richtung Castell'Arquato angezeigt – ein Ort mit kleinen verwinkelten Gassen und seiner mittelalterlichen Burg *Viscontea*. Auch Cortemaggiore, die Stadt der drei Türme, durchquerten wir. Spontan drängte sich die Analogie auf: Eben noch beschäftigten mich die drei Phasen des Lebens und schon fuhren wir durch die Stadt der drei Türme, die durchaus die Drei-Generationen-Urlaube versinnbildlichten, diese phasenweise dreifach unterschiedliche Sicht auf Jesolo.

Inmitten der Orte mit den altertümlichen Gebäuden fanden Polizeikontrollen statt, aber wir wurden erneut freundlich durchgewunken. Weiter ging es über kurvenreiche Landstraßen, auf denen wir niemandem begegneten. Sie waren aufregend zu befahren; zu Recht hieß dieser Abschnitt auch Enzo-Ferrari-Gedächtnis-Strecke. Auf ihr hat der leidenschaftliche Ferrari-Hersteller und Rennwagenwahrer seine Fahrzeuge getestet.

Was aus der Ferne wie ein kleines Hügelgebiet wirkte, entpuppte sich als mächtige Herausforderung für die Vespas und uns.

Bereits zum *Passo del Pellizzone*, der die Regionen Piacenza und Parma voneinander trennt, waren über 1.000 Meter Steigung zu überwinden, und die sich serpentinenartig hinauf schlängelnden Straßen, umgeben von einer bizarren Berglandschaft, waren wahrlich abenteuerlich. Immer wieder kamen wir durch kleine Dörfer mit charakteristischem Dorfplatz und historischer Kirche. Unerwartet tauchten auch immer mal wieder kleine Cafés am Straßenrand auf, wo man es gar nicht vermuten würde. Davor standen einige wenige Tische und Stühle, die zu einem Espresso einluden, ganz *Bella Italia*.

Julia hatte ihre Mühe bei den kurvenreichen Anstiegen, der Motor ihrer 50er klang gequält, aber sie schlug sich wacker. Oben im Apennin war der Wind aus Richtung Mittelmeer spürbar und ich wunderte mich, bisher kein einziges Windrad gesehen zu haben. Die sonnigen Gegenden Italiens müssten sich doch außerdem ausgezeichnet zum Aufstellen von Photovoltaik-Anlagen eignen, aber auch davon war nichts zu sehen. Auf rund 600 Kilometern Strecke begegnete uns zudem gerade mal ein E-Auto. Die angestrebte Energiewende scheint in Italien tatsächlich noch in weiter Ferne zu liegen. Dagegen war die Umgebung reich an Landwirtschaft, Mais- und Weizenfelder wechselten sich ab. Fast überall wurde bewässert, der Wasserbedarf wirkte überdurchschnittlich.

Mit dem *Passo Colla* erwartete uns ein weiterer Anstieg, der uns von Compiano trennte. Die Straße schlängelte sich durch recht ursprüngliche Umgebung hinauf, höher als ich mir den Apennin vorgestellt hatte. Der Gebirgszug erstreckt sich bis an die Adria. Schon wanderten meine Gedanken wieder nostalgisch nach Jesolo. Es begleitete meine Gedanken bergauf und bergab, es begleitet mit zwischenzeitlicher Unterbrechung mein ganzes Leben und Julia hatte es ebenso in seinen Bann gezogen.

Einen ureigenen Bann übte zweifelsfrei auch die Landschaft um uns herum aus, sie war beeindruckend und nur dünn besiedelt. Es tauchten gelegentlich kleinere Ortschaften auf, teilweise waren sie verlassen, die Rollläden der Gebäude verschlossen. Einige Häuser waren in schlechtem Zustand. Das wären sicher typische 1-Euro-Häuser, die man nach dem Kauf aufwendig und von Grund auf sanieren musste. Nach endlos wirkender Abgeschiedenheit tauchte dann plötzlich wieder, wie aus dem Nichts, eine Fabrik auf.

In jedem Dorf mit Kirche, das wir passierten, suchten wir diese auf. In jeder zündeten wir drei Kerzen an, je eine für Oma, für Opa und für Omimi. So begleitete uns die ältere Generation die ganze Zeit, ebenso, wie sie viele Urlaube in Jesolo mit uns verbracht hatte. Hätte es nicht auch Griechenland, Spanien, Frankreich oder Tunesien sein können? Die Antwort ist ganz klar: Nein. Denn Jesolo ist einfach anders als die üblichen überlaufenen Touristenorte und Badestrände.

8.4 Historische Begegnungen

In der Ferne thronten die gesamte Strecke über sporadisch alte Burgen, die auf Bergmassiven erbaut worden waren und einen beeindruckenden Anblick boten. Ein gutes Stück unseres Weges an diesem Tag war neben abenteuerlichen Straßenverläufen und überwältigenden Landschaftseindrücken ohnehin von historischen Spuren begleitet: Ein Großteil der Strecke entsprach der Via Francigena, einem alten Pilgerweg nach Rom, der seinen Start im englischen Canterbury hat. Der alte Pilgerweg wird entsprechend seinem Verlauf durch das einstige Frankenreich gelegentlich auch als Frankenweg bezeichnet. In Italien erstreckt er sich an einer alten Römerstraße entlang in Richtung Toskana und schließlich nach Rom zu den überlieferten Grabstätten der Apostel Petrus und Paulus in der Vatikanstadt.

Unser Ziel war allerdings Compiano und dort das *Castello di Compiano*, die mittelalterliche Burg, die in ihren imposanten historischen Gemäuern unser Hotel beherbergte. Bis dorthin hatten wir noch einige derart steile Straßen zu überwinden, dass wir zwischendurch das Gefühl hatten, die Vespas könnten jeden Moment hintenüberkippen. Irgendwann ragten, fast schon bedrohlich, die Gemäuer der Burg vor uns auf.

Wir wurden vom Hausherrn und Betreiber des ebenfalls dort ansässigen Restaurants in Empfang genommen und es ging weiter mit einem Lift hinauf. Oben angekommen wirkte alles geheimnisvoll, düster, fast schon abschreckend. In mir breitete sich ein mulmiges Gefühl aus. Es schien gar nicht abwegig, dass es nachts spuken würde und uns die Schlossgeister heimsuchen könnten.

Die freundliche Rezeptionistin, die uns das Hotelzimmer zeigte, lockerte die Atmosphäre etwas auf. Das in der Burg befindliche Hotel bot Szenenwechsel, die wiederum wie Zeitsprünge anmuteten. Es war skurril, unsere geräumige Unterkunft mit teils runden Wänden, antiken Möbeln und historischen Dekorationselementen zu betreten. Einen Kontrast bot der Blick aus dem Fenster auf den Pool im Außenbereich – einfach, aber neuzeitlich.

Auf antikem Mobiliar legten wir unsere Utensilien wie die Ladekabel der Handys ab. Auch das wirkte skurril. Die ganze Situation hatte etwas Unwirkliches. Noch nie hatte ich in einer Burg oder einem Schloss genächtigt. Das war eine Premiere, die ich sicher nicht vergessen werde.

Aus dem eindrucksvollen Gemäuer zog es uns recht bald nach draußen an den Pool in gewohnteres Ambiente. Da war es wieder: Was ich kenne, gibt mir Sicherheit. In solcher Umgebung finde ich mich zurecht und kann den Aufenthalt genießen. So war es auch in Jesolo. Die zuverlässig in gerader Linie aufgestellten Liegen, das immer gleiche Hotelzimmer, das vor der Abreise bereits für das nächste Jahr gebucht wurde, meine Liege, der Blick aufs Wasser, ein Kiosk in erreichbarer Nähe.

Am Pool erholten wir uns ein wenig von der doch anstrengenden Fahrt und ich konnte meinen Sonnenbrand auf den Händen und am Hals kühlen, den ich mir unterwegs fahrlässig zugezogen hatte.

8.5 Abendliches Verwöhnprogramm

Abendessen gab es im *La Vecchia Compiano* – ein absolutes Highlight zu meinem heutigen Geburtstag. Hinter dem freundlich wirkenden Eingang erwartete uns die Wirtin, die uns auch gleich den Weinkeller zeigte. Dort lagerten ganze Schätze an edlen Tropfen und auf meine vorsichtige Frage hin, ob ich denn mal einen probieren dürfte, bekam ich prompt ein Glas abgefüllt. Das geschah mit einem Gerät, das es erlaubte, von teuren Weinen etwas zu entnehmen, ohne deren Qualität zu beeinträchtigen. Es folgte ein fantastisches Essen und die Wirtin, deren Mann in der Küche tätig war, gab uns noch einige Tipps für die weitere Tour.

Wir kehrten zufrieden in die nunmehr bei zunehmender Dunkelheit beleuchteten Gemäuer und unser Hotel zurück. Allerdings stellte sich auch wieder ein etwas unwirkliches Gefühl mit Gedanken an die Schlossgeister ein. Hoffentlich würden wir die Nacht unbehelligt überstehen, um morgen weiter nach Rapallo/Portofino starten zu können. Die heutigen 107,7 Kilometer hatten uns 3 Stunden und 20 Minuten Fahrtzeit bei einer Durchschnittsgeschwindigkeit von 32,2 Stundenkilometern gekostet. Dabei hatten wir laut Höhenmesser satte 1.840 Meter bewältigt. Das war allemal ein Grund, stolz zu sein, sich entspannt ins Bett zu begeben und die Gedanken fließen zu lassen.

War ich nun eigentlich ein unabhängiger Freigeist oder schnöder Spießer? Wie kann es sein, dass sich Werte in den Phasen des Lebens so verschieben und Meinungen so wandeln?

Ist Jesolo langweilig konservativ oder ein sonniger Badeort mit lockerer Atmosphäre? Eigentlich war das doch egal. Ich verspürte eine innige Verbundenheit mit diesem Ort, an dem ich so oft, den Bauch gefüllt mit Pizza und Pasta, eingeschlummert war, um am nächsten Morgen erholt die frische Luft mit einem Hauch Fischgeruch darin zu genießen, bevor ich mich, umgeben von den Duftnoten der aufgetragenen Sonnencremes dem weiten Blick hingab, den das scheinbar am Horizont direkt in den Himmel übergehende Meer bot.

Hier allerdings, in der Gegenwart, erwarteten uns die Vespas, die uns weiter in Richtung Cinque Terre bringen sollten.

Wir starten gespannt in den nächsten Tag.

Jugendlicher Übermut.

Mittelalterlich-italienisches Flair

Spannender Kontrast: Hinten altes Gemäuer, vorne moderner Pool.

Ein Weinkeller für Genießer

Wir stoßen auf einen gelungenen Tag und meinen Geburtstag an.

9. Tag 7 – 67,6 Kilometer: Kurve für Kurve auf der Zielgeraden

Die Schlossgeister hatten uns in der Nacht nicht behelligt und der Tag begrüßte uns freundlich mit über den Bergen aufsteigender Sonne. Weniger erfreulich war an diesem Morgen die Tatsache, dass es kein warmes Wasser gab. So fühlten wir uns in unseren Räumlichkeiten prompt wieder in der Zeit zurückversetzt. Wir entschieden uns für eine Katzenwäsche und wurden mit einem liebevoll angerichteten Frühstück entschädigt.

In fast schon familiärer Atmosphäre gab es frisch aufgebrühten Kaffee, italienische Semmeln, Brot und natürlich die Klassiker: aufgeschnittenen Schinken und Käse sowie Marmelade. Wir waren die einzigen Gäste im Schloss und der freundliche Herr, der für unser Frühstück zuständig war, erwies sich als Mädchen für alles. Wir erhielten, ganz exklusiv, eine private Schlossführung.

Hinauf ging es ins obere Stockwerk mit einem überwältigend fantastischen Ausblick. Im Schloss wechselten sich alte Gewölbemauern mit modernen Elementen ab.

Danach zeigte er uns noch die Kerker: Hinter einer Verkleidung der Wand tat sich ein dunkles Loch auf, in dem noch im Mittelalter Gefangene verwahrt wurden. Das war sehr eindrucksvoll zu sehen, wenngleich die einstigen Gepflogenheiten unser Vorstellungsvermögen zu überfordern drohten.

Um 8:45 Uhr waren wir auch schon startklar für unseren heutigen Etappenabschnitt von Compiano nach Rapallo.

9.1 Auf leeren Straßen rollen wir dahin

Einerseits befanden wir uns inzwischen nahezu auf der Zielgeraden – den siebten Tag waren wir nun unterwegs und näherten uns stetig unserem Endziel *Cinque Terre*. Andererseits fuhren wir wie am Vortag über kurvenreiche, einsame Straßen durch eine wunderschöne Landschaft, was wiederum ein Gefühl von Zeitlosigkeit auslöste. Der Blick richtete sich auf die leeren Fahrbahnen, die im Gegensatz zu vorher fast alle geteert waren. So rollte es sich wesentlich angenehmer dahin und die Gedanken konnten schweifen, fernab vom Ziel.

Unter strahlend blauem Himmel erreichten wir die Provinz Genua in Ligurien. Der Weg führte uns über zeitgemäßen Asphalt durch beeindruckende Natur mit vereinzelten urigen Gebäuden und an schlichten Ampeln vorbei – kein Vergleich zu deutschen Standards, aber sympathisch. Mit dem *Passo del Bocco* erwartete uns der nächste Pass. Er verbindet die Emilia Romagna mit Ligurien und ist mit seinen gut angelegten Straßen bei Radsportlern beliebt. Kurvenreich schlängelt sich der Pass in Serpentinen hinauf und hinab, neben uns ragten zur einen Seite steile Hänge auf und eröffneten sich auf der anderen Seite schwindelerregende Abhänge.

Der Pass ist keine 1.000 Meter hoch und war an diesem Tag der einzige, den wir zu überwinden hatten. Auf rund 40 Kilometern

Strecke begegneten wir allenfalls drei oder vier Autos. Wir fuhren durch viel unberührte Natur, bewaldete Berge und Täler. Dabei wird der Geist frei. Zwischendurch tauchte hin und wieder ein kleiner Ort auf, auch vereinzelte Häuser passierten wir. In jedem Ort gab es mindestens eine Kirche, teilweise sogar zwei. Interessant zu sehen war, dass die Friedhöfe nie direkt an der Kirche, sondern immer etwas abseits gelegen waren.

Im Bereich Mezzanego befindet sich der Nationalpark *Aveto*, etwa 3.000 Hektar groß. Das Gebiet im Ligurischen Apennin steht unter Naturschutz, was sich in den geologischen Gegebenheiten sowie der Flora und Fauna spiegelt. Es gibt hier Funde alter antiker Siedlungen, die den heutigen kleinen Ortschaften vorausgingen. Insgesamt war die Umgebung äußerst beeindruckend.

Irgendwie verspürte ich seit Langem wieder das Gefühl von Glück. Haben Sie sich schon einmal gefragt was Glück denn eigentlich ist? Für mich ist es mittlerweile einfach zu definieren: „Happiness is a function of accepting what is. – Glück ist eine Frage der Akzeptanz dessen, was ist." (Werner Erhard)

Das heißt in dem Moment, in dem wir „ja" zum Leben sagen, akzeptieren wir die Welt, so wie sie ist. Und wenn Sie meinen, Sie könnten Ihr Leben planen, dann stelle ich die Frage, wie viel Lebenserfahrung Sie haben, dass Sie nicht längst begriffen haben, dass dies völliger Unsinn ist. In den Worten John Lennons: „Leben ist das, was stattfindet, während du etwas anderes planst". Wenn du Gott zum Lachen bringen willst, erzähl ihm von deinen Plänen!

9.2 Zähne knirschend Richtung Meer

Wiederholt stellte ich unterwegs fest, dass ich während der Fahrt arg mit den Zähnen knirschte. Irgendwie passte das gar nicht zusammen mit der unberührten Natur um uns herum und den malerischen Orten, die wir durchfuhren. Eigentlich sollte diese Umgebung entspannen, einladen, die Seele baumeln zu lassen. Auch die asphaltierten Straßen waren wesentlich weniger anstrengend zu befahren als die Tage zuvor. Dennoch schien etwas in mir derart angespannt zu sein, dass es sich im Zähneknirschen äußerte. Immer wieder musste ich mich selbst beruhigen und mich darauf konzentrieren, das sein zu lassen.

Nach dem Pass schlängelte sich die weiterhin kurvenreiche Straße in Richtung Meer. Schon kurz hinter dem Pass konnten wir es aus der Höhe sehen. Fast 1.000 Meter hoch in den Bergen befanden wir uns, das Meer war noch rund 30 Kilometer entfernt und blitzte zwischen der grün bewachsenen Berglandschaft zu uns hinauf. Das war ein wahrlich erhabenes Gefühl und das Dahinrollen auf diesen frisch geteerten Straßen ein Genuss. Doch auch Julia schwächelte ein wenig.

Während ich versuchte, das Zähneknirschen sein zu lassen, hatte sie zwischendurch mit Schwindel zu kämpfen. Es verwundert aber nicht wirklich, dass wir beide in irgendeiner Form auf die fortlaufend gewundenen Straßen und den atemberaubenden Ausblick sowie die täglichen Höhenunterschiede reagierten. Das erlebt man schließlich nicht alle Tage und insgesamt hat uns beiden die Route an diesem Tag riesigen Spaß gemacht. Wir hatten es nicht eilig und gönnten uns eine Pause in einem der Cafés, die gelegentlich am Straßenrand zum Verweilen einluden.

Ich wunderte mich, dass wir unterwegs gar keinen anderen Motorrädern begegneten. Für uns war es mit der Vespa eine Traumstrecke und den Fahrradfahrern, die wir sahen, schien es ähnlich zu gehen. Es war recht deutlich, dass diese Strecke im Radsport sehr beliebt ist. Offensichtlich waren wir die Ausnahmen, die wir auf unseren motorisierten Zweirädern die unzähligen, ewig einsamen Kurven über Berge und durch Täler genossen.

9.3 Rapallo, wir kommen!

Nun ging es bergab, Kurve reihte sich an Kurve, endlich kamen wir unten am Meer an. Dort ging es deutlich lebhafter zu. Die Straße führte rauf und runter direkt am Meer entlang in Richtung Rapallo. Weiterhin war die Fahrt ein reiner Genuss.

Wir erreichten unseren Zielort. Das Hotel befand sich gleich am Anfang der kleinen Stadt, die als größter Badeort an der *Riviera di Levante* gilt. Am Golf von Tigullio gelegen, bettet sie sich in eine traumhafte Region, ebenso traumhaft war der Anblick unseres Hotels. In Rapallo gibt es eine schöne Altstadt mit einer sehr belebten Fußgängerzone. Eine Burg aus dem 16. Jahrhundert ragt hoch über das Meer hinaus, weitere Sehenswürdigkeiten sind das Denkmal für Christopher Columbus und die Brücke des Hannibal, im römischen Stil erbaut.

Die Zeit, bis unser Hotelzimmer bezugsfertig war, überbrückten wir mit einem Ausflug nach Portofino, dem ehemaligen, idyllisch in mediterraner Umgebung gelegenen Fischerdorf, heute noble Touristenhochburg. Portofino ist etwa 40 Kilometer von Genua entfernt, von den *Cinque Terre* trennten uns noch an die 70 Kilometer.

9.4 Idylle und Luxus

Von Santa Margherita Ligurie aus brachte uns ein kleines Schiff nach Portofino. Bereits nach 15 Minuten erblickten wir die großen, luxuriösen Jachten im Hafen, die ein deutliches Zeichen dafür waren, dass an diesem Ort die „Reichen und Schönen" verkehren.

Trotzdem hat Portofino nichts von seinem ursprünglichen Charme eingebüßt. Kopfsteingepflastert liegt im Ort die Piazzetta, gesäumt von bunt pastellfarbenen Häusern, mit Blick auf den Hafen. Dort reihen sich Luxusboutiquen an Restaurants und Cafés. An anderer Stelle wechselt das Szenario von touristischer Hochburg zu einer alten Festung aus dem 16. Jahrhundert, die ebenfalls einen Blick auf das Meer gewährt.

An wieder anderer Stelle liegen statt der großen Jachten schlichte kleine Boote. Die Impressionen waren vielfältig. Nach eineinhalb Stunden, etwas Shoppen und einem Eis traten wir, wiederum über das Meer, den Rückweg nach Rapallo an. Theoretisch hätten wir auch mit dem Boot direkt Cinque Terre ansteuern können, aber für diesen Tag sollte es Rapallo sein. Bewusst hatte ich mich für das dortige Hotel statt einer Alternative in Portofino entschieden: Das günstigste Zimmer, das auf booking.com zu finden war, hätte stolze 3.000 Euro pro Nacht gekostet!

9.5 Wie schafft das Gehirn das?

Das Grand Hotel Bristol feierte seine Eröffnung bereits Anfang des 20. Jahrhunderts, lässt aber in der Ausstattung kaum Wünsche offen. Erbaut ist es im Jugendstil, die Innenausstattung überzeugt mit modernen Technologien, klassischer Eleganz und großzügigem Wellnessangebot. Es ist nahe am Strand gelegen und wir genossen aus unserem Zimmer heraus den Blick aufs Meer. Draußen lockte der Pool – Erholung hatten wir uns nun verdient.

Wie verarbeitet das Gehirn eigentlich all die atemberaubenden Impressionen, wie wir sie heute hatten? Morgens waren wir noch in den alten Gemäuern eines Schlosses aufgewacht und durften dort den dunklen Kerker aus alter Zeit bestaunen, es folgten die unzähligen Kurven auf völlig einsamen Straßen bergauf und bergab durch die weitgehend unberührte Natur und Berglandschaft mit Blick auf das noch zig Kilometer weit entfernte Meer, alles in unbeschreiblich leuchtenden Farben.

Die überwältigenden Eindrücke sind so fernab von allem, was uns der Alltag bietet und was unsere Gehirne zu verarbeiten gewohnt sind. Eben noch befanden wir uns zwischen urtümlicher Idylle und purem Luxus in Portofino, jetzt in einem gut ausgestatteten Hotelzimmer mit wiederum tollem Ausblick.

Vorher plagte mich noch das Zähneknirschen während der Fahrt, Julia litt unter Schwindel. War das beides vielleicht ein unbewusster Ausdruck dessen, dass unser Gehirn etwas überfordert mit den vielen wechselnden Impressionen war?

Am nächsten Tag schon sollten wir weiter rollen, neuen Ausblicken entgegen. Da war es dringend nötig, sich eine kurze Auszeit am Pool zu gönnen. Danach, um 17 Uhr, hatte Julia noch einen Friseurtermin. Die junge Dame wollte sich die Haare ordentlich waschen und legen lassen; ein kleines Verwöhnprogramm nach der kalten Katzenwäsche am Morgen im Schloss. Kontraste über Kontraste begleiteten uns durch diese Tage. Das Hotel war nicht weit vom Zentrum entfernt, dennoch hatten wir uns auf dem Weg zum Frisör anständig verfahren. Er befand sich in einer Fußgängerzone und hier standen sie, viele Motorräder in Reih und Glied, während wir auf der kurvenreichen Strecke unterwegs nicht einem einzigen begegnet waren.

Während Julia sich ihrer Haarpflege hingab, verbrachte ich die Zeit in einem Café gegenüber und beobachtete das Treiben. Sie schien später rundum zufrieden mit dem Ergebnis und erneut stellte ich fest: Italienische Friseure verstehen ihr Handwerk und ihre Arbeit ist dennoch preiswert. Rund eine Stunde war man mit der Haarpracht beschäftigt und dafür waren 40 Euro durchaus angemessen.

9.6 Traumhafte Ausblicke

Zurück im Hotel war es auch schon wieder Zeit für das Abendessen. Wir waren zum wiederholten Mal an diesem Tag überwältigt von dem Ausblick, der sich uns bot: Auf der Dachterrasse des Hotelrestaurants hatten wir einen Tisch in der ersten Reihe mit Blick aufs Meer, es war richtig romantisch. Auf der anderen Seite der Bucht lag Portofino mit seinen farbigen Häusern.

Ein traumhafter Sonnenuntergang begleitete unser Fünf-Gänge-Menü und den servierten Wein. Die Stimmung war perfekt. Der Ausblick wechselte, als sich der Himmel dunkelblau färbte, darunter beleuchtete Gebäude am Wasser vor den dunklen Silhouetten aufragender Berge.

Auch der Ausblick auf den folgenden Tag war traumhaft. Nachdem wir heute bei einer Durchschnittsgeschwindigkeit von 32,1 Stundenkilometern 67,6 Kilometer in 2 Stunden und 6 Minuten Fahrtzeit zurückgelegt und dabei einen Höhenunterschied von 833 Metern überwunden hatten, würden wir schon morgen die *Cinque Terre* erreichen. Wir würden am Ziel sein. Alles schien ein wenig unwirklich, man konnte es gar nicht richtig erfassen.

So viel hatten wir erlebt und gesehen in nur wenigen Tagen, so viele Kilometer hatten wir zurückgelegt, morgen wäre es schon fast vorbei.

Die unbewussten Bereiche unserer Gehirne würden viel zu tun haben in dieser Nacht, um am nächsten Morgen wieder aufnahmefähig für all die weiteren Eindrücke zu sein. Ob die nächtlich aktiven Gehirnströme auch so kurvenreich waren wie die heutigen Straßen? Es war an der Zeit, die Betten aufzusuchen und die Tiefschlafphase anzusteuern.

Auf die Vespa – fertig, los!

Das Ambiente wird immer südlicher.

Wir sind guter Dinge.

Endlich! Meeresluft!

Entspannter Ausklang für einen wundervollen Tag...

Abenddämmerung über Rapallo

10. Tag 8 – 82,7 Kilometer: Endspurt mit verdientem Ausklang

Die Nacht war ein wenig unruhig. Der tolle Blick aus dem Hotelfenster auf die Bucht von Portofino lässt kaum vermuten, dass direkt an der Küste eine Bahnstrecke verläuft. Es ist mir unverständlich. Überall bauen die Italiener Tunnel, nur hier, an diesem wunderschönen Fleckchen Erde verläuft die Bahnstrecke direkt an der Küste und stört die Idylle.

Aufgrund der Geräuschkulisse blieb das Fenster in der Nacht geschlossen. Die Klimaanlage lief auf der niedrigsten Stufe, was nur dezent wirksam war. Doch die grandiose Aussicht auf die Bucht am Morgen war uns eine großzügige Entschädigung. Der Himmel war wieder strahlend blau und spiegelte sich intensiv im Meer darunter.

Zum Frühstück erwartete uns ein großartiges Buffet mit Selbstbedienung, zuverlässig mit frisch aufgeschnittenem Schinken und Käse im Angebot. Gestärkt schwangen wir uns auf die Roller, um den Endspurt anzutreten: letzter Etappenabschnitt mit dem Ziel *Cinque Terre*. Ich wusste in dem Moment nicht, was zutreffender war – würden wir „schon" oder „endlich" unser Ziel erreichen?

10.1 Auf zum Wildpass

Auf gut befahrbaren Straßen ging es weiter. Wir fuhren los mit diesem unbeschreiblichen Blick aufs Wasser. Irgendwann wurde es wieder kurviger und die nächste Steigung bahnte sich an. Das intensiv blaue Meer lag immer tiefer unter uns, auch an mit Wein bepflanzten, recht steilen Abhängen führte die Straße vorbei. Der Verkehr wurde wie auf den Pässen zuvor weniger. Uns erwartete mit dem *Passo del Bracco*, zu deutsch Wildpass, eine inzwischen gewohnte einsame Strecke durch teils zerklüftete, teils vielfältig bewachsene grüne Natur. Die Eindrücke waren deshalb nicht weniger atemberaubend.

Der höchste Punkt des Passes liegt mehr als 600 Meter über dem Meeresspiegel. Auch dieser Pass liegt an der ehemaligen Römerstraße, der *Via Aurelia*, die Rom mit dem französischen Arles verband. Heute ist er die Verbindung zwischen Genua und der Provinz La Spezia.

Für uns war es der Weg über Sestri Levante in Richtung Cinque Terre – die zerklüftete Gegend an der Küste mit dem sich steil aus dem Meer erhebenden Apennin. Bis hinauf ging es immer am Meer entlang und immer wieder bot sich der gleiche Anblick mit an der Küste entlang verlaufender Bahnstrecke. Erst dahinter lag die Straße und noch weiter landeinwärts folgten Häuser.

Küstenorte an der Riviera di Levante, wie das malerische Sestri Levante, ziehen einen mit ihrem ureigenen Charme in ihren Bann. Während uns auf dem Weg über den Pass auf rund 30 Kilometern nicht ein Auto überholte, breiteten sich unten die *Baia del Silenzio* und die *Baia delle Favole* mit ihren Badeständen aus – die Sandstrände in der Bucht der Stille und der Märchenbucht.

Märchenhaft ist eine wirklich passende Bezeichnung für diese gesamte Gegend, die wir begierig in uns aufnahmen, während wir den Pass hinauf durch die einsame Stille fuhren, nur durch unsere Motorgeräusche unterbrochen.

So rollten wir also dahin auf einer sehr steilen, aber traumhaften Strecke mit viel Grün, überwältigenden Ausblicken, bei denen unten immer wieder das tiefblaue Meer aufblitzte. Die Luft war klar und die Farben leuchteten geradezu. Wir passierten eine Baustelle, an der Holz verbrannt wurde. Es roch hier anders als gewohnt, wenn Holz verbrennt. Überhaupt roch alles in Italien anders, sogar wenn uns unterwegs Motorroller überholt haben. Irgendwie hatte ich den Eindruck, sie füllten dort alle Rizinusöl in ihre Tanks, nur damit es besser roch.

10.2 Das Ziel rückt immer näher

Die Ortschaften in der Region La Spezia, wie die kleine Gemeinde Borghetto di Vara, haben oft eine magische Ausstrahlung mit ihrem charismatischen italienischen Flair. Die *Carabinieri* sind dort mit grünen Autos unterwegs. Einmal dachte ich, wir würden nun doch noch kontrolliert werden; vor allem wegen Julias ausländischem Schild am Gefährt, das nicht sofort erkennen ließ, dass es sich um einen deutschen Roller handelte. Das grüne Fahrzeug hatte uns jedoch nur überholt.

Den einsamen Straßen und kleinen Ortschaften folgte La Spezia mit kontrastreich regem Verkehr. Es war wahnsinnig viel los auf den Straßen und Fußwegen. An Verkehrsregeln schien sich hier gewohnheitsmäßig kaum jemand zu halten, alles wirkte wirr und chaotisch. Nach der Herausforderung den Pass hinaufzufahren und dem bunten Treiben in La Spezia folgte nun noch ein unbehaglicher Tunnel und dann war es so weit: Es ging wieder bergab in Richtung Riomaggiore. Der Blick aufs Meer war einfach genial, ebenso der auf den Ort.

10.3 Wir sind da!

In Riomaggiore angekommen erwartete uns nochmals ein ganz anderer Charme als der jener vielen kleinen Orte, die wir bisher erlebt hatten. Die steilen Felsen waren zerklüftet, wirkten aber keineswegs feindselig oder düster, wie solche, auf denen alte Burggemäuer und Festungen standen. Parken mussten wir außerhalb und auf steilem Weg zur Pension laufen.

Auch die Unterkunft unterschied sich sehr von den bisherigen Hotels, geschweige denn vom Schloss, in dem wir genächtigt hatten. Alles war einfach gehalten, aber sehr sauber. Unser Zimmer war noch nicht bezugsfertig und die Schlüssel wurden in einem Tresor hinterlegt. Wir entschieden uns, gleich die *Cinque Terre* zu erkunden.

Dabei würden wir ausreichend Gelegenheit haben, die wunderbare Umgebung in uns aufzunehmen. Wir befanden uns in einem der berühmtesten italienischen Nationalparks an der Küste Liguriens, 1997 durch die UNESCO als Weltnatur- und Kulturerbe anerkannt. Die Bevölkerungsdichte in den *Cinque Terre* ist in den letzten Jahrzehnten stark zurückgegangen, was sich vom Tourismus nicht behaupten lässt, wie wir an diesem Tag erleben sollten.

Die terrassenartig an den Berghängen errichteten Wohngebäude wirkten teilweise, als seien sie übereinander aus dem Berg herausgewachsen oder -gemeißelt. Es ist sicher eine Gratwanderung, die Interessen der Anwohner, den Landschaftsschutz, die Landwirtschaft und den Tourismus unter einen Hut zu bringen.

10.4 Unterwegs in den *Cinque Terre*

Die fünf Orte der *Cinque Terre* sind gut mit dem Schiff zu erreichen. Das war an diesem Tag wegen des Wellenganges nicht möglich, daher nutzten wir den Zug, der viertelstündlich fuhr und in jedem Ort Halt machte. So taten es Massen anderer Menschen mit uns und wir erhielten einen Vorgeschmack auf das touristische Treiben, das uns heute umgeben würde. Ich dachte später nur: „Wenn ich mir in diesem Gedränge kein Corona eingefangen habe, muss ich final immun dagegen sein!"

In Riomaggiore lagen gemütlich die ligurischen Gebäudeterrassen mit ihren farbigen Hausmauern in den Berghängen und der Ort strahlte mit seinem kleinen Hafen und der kleinen Badebucht mit Kieselsteinstrand Gemütlichkeit aus. Es gab viele kleine Läden mit Lebensmitteln und Souvenirs. Vom östlich gelegenen Riomaggiore führt die *Via dell'Amore* bis nach Manarola.

Derartige Wanderwege verbinden alle fünf Fischerdörfer miteinander, so dass sie auch zu Fuß gut erreichbar sind, genügend Zeit vorausgesetzt. Schlichte, authentisch im mediterranen Stil gestaltete Wegweiser zeigten die Richtung zu populären Anlaufpunkten an.

Nachdem wir die idyllische Atmosphäre des Dorfes quasi eingeatmet hatten, warteten wir auf dem völlig überfüllten Bahnsteig auf den Zug, der uns von Riomaggiore aus – mit Zwischenstopps – nach Manarola, Corniglia, Vernazza und Monterosso bringen würde.

Das Dorf Manarola ist auf Felsenklippen erbaut. Vom kleinen Hafen mit seinen Fischerbooten aus ziehen sich die bunten pastellfarbenen Häuser an den Hängen hinauf; ein sehr beeindruckender Anblick sowohl nach oben als auch nach unten. Über den Häusern geht es terrassenförmig weiter mit Wein- und Olivenplantagen. Oben an den sonnigen Hängen gedeihen die Früchte prächtig. Es war schon ein kleines bisschen aufregend, die schmalen Wege durch das Dorf hinabzulaufen. Immer wieder mussten wir uns durch Touristenmassen wühlen. Schätzungsweise waren mehrere Zehntausend Touristen unterwegs, wie wir von Ort zu Ort tingelnd und sich dort umsehend. Überall war es komplett überfüllt, jedes Café brechend voll.

Auch hier war alles von Kontrasten geprägt: Die idyllischen kleinen, jedes für sich eher verträumt wirkenden Dörfer mit den unglaublichen Touristenströmen, der Anblick der ungewohnt die Hänge hinauf gebauten pastellfarbenen Häuser, viel Grün oberhalb des blauen Meeres mit kleinen Buchten und Stränden. Zu all dem gesellten sich die dagegen doch neuzeitlich ausgestatteten Züge, die mit moderner Technologie in enger Taktung die vielen tausend Menschen beförderten.

Unsere nächste Station war Corniglia, auf einer Klippe etwa hundert Meter über dem Meer gelegen, was ein sehr reizvoller Anblick war. Die Höhe gestattete uns einen einzigartigen Ausblick auf die Umgebung und das tief unten gelegene Meer. Das Dorf lädt mit diesem Alleinstellungsmerkmal zum Verweilen ein, sich ganz den Eindrücken dieser unbeschreiblichen Aussicht hinzugeben, frei und tief durchzuatmen und die Seele baumeln zu lassen. Wären da nicht die vielen Touristen gewesen, die den Ort mit seiner schmalen Hauptgasse überfallsartig überfüllten!

So sehr sich die Dörfer mit ihren an die Felsen geschmiegten Gebäuden ähnelten, so sehr unterschieden sie sich in ihren Details. Das Fischerdorf Vernazza, auf einer kleinen Halbinsel erbaut, erwartete uns mit seinem malerischen kleinen Hafen und den Gemäuern des *Castello Doria*, welches die Stadt hoch oben auf einem Felsen überragt. Dazu gesellte sich innerhalb des Ortes die Kirche *Santa Margherita d'Antiochia*, erbaut im 13. Jahrhundert. Wie gewohnt legten wir dort einen Zwischenstopp ein, um Kerzen zu entzünden. Im Hafen lagen verträumt kleine Fischerboote, daneben lud ein Sandstrand zum Baden ein.

Monterosso verfügte ebenfalls über einen Badestrand, eher touristisch ausgerichtet. Das Dorf ist mit seiner mittelalterlichen Altstadt, welche Läden, Restaurants und Cafés beherbergt, beschaulich. Darüber erhebt sich ein Kloster, nahe des Bahnhofs liegt der neuere Teil des Ortes, Fegina.

Hier war es ebenso überfüllt wie in den anderen Dörfern, der Besuch war aber dennoch lohnend. Das Tingeln von Ort zu Ort und die Aufenthalte dort ließen uns zwischenzeitlich tatsächlich vergessen, dass wir am Ziel angekommen waren, dass dies der letzte Tag unserer Tour sein würde.

10.5 Der verdiente Ausklang

Gegen 17 Uhr fuhren wir zurück nach Riomaggiore. Nachdem wir doch gut zu Fuß unterwegs gewesen waren, quälten wir uns dort noch hinauf zu unserer Pension; eine echte Fitnessübung!

An diesem letzten Tag unserer Tour waren wir wirklich viel unmotorisiert unterwegs gewesen und ich hatte stolze 16.235 Schritte zurückgelegt. Es heißt wohl, 10.000 am Tag seien normal, aber wir waren kaputt, vor allem Julia. Sightseeing und Kultur sind wohl ohnehin nicht so ganz ihr Ding.

So übervoll es den ganzen Tag über war, so schlagartig war es auf einmal ruhig. Es war wie bei einem Kreuzfahrtschiff, das nach dem Anlegen unzählbare Menschenmassen auf einmal ausspuckt und sie genauso am Abend alle wieder einsaugt.

Unser Rückfahrtservice für den kommenden Tag war gegen 16 Uhr nach zehn Stunden Fahrtzeit und drei riesigen Staus unterwegs auch eingetroffen. Er hatte nach La Spezia den drei Kilometer langen Tunnel durchqueren müssen. Diese Tunnels mit dem Roller zu befahren war übrigens gar nichts für mich. Die Geräusche hallten darin von den Wänden wider und stürmen ungefiltert laut und angsteinflößend auf uns ein, die rundum ummauerte Fahrbahn rief zusätzlich ein beklemmendes Gefühl hervor. Ohnehin waren wir als Rollerfahrer die schwächsten Verkehrsteilnehmer; solche Tunnel waren wahnsinnig anstrengend und das Durchfahren, eng an eng mit dem anderen vorbeirauschenden Verkehr, zerrte an unseren Nerven.

Den Abend wollten wir gemütlich in geselliger Runde mit Freunden ausklingen lassen. Michael und seine Familie waren über Pfingsten in ihrem Ferienhaus in der Nähe und mit ihnen trafen wir uns im besten Restaurant Riomaggiores, im Dau Cila direkt am Meer. Dieses hatte natürlich auch seinen Preis, ebenso trieb der rege Tourismus die Preise in die Höhe, aber das hatten wir uns verdient und es war trotzdem noch wesentlich günstiger als in Deutschland: Eine Flasche Wein, gewonnen aus den vollmundigen Trauben an den Hängen von Riomaggiore kostete 21 Euro, in Deutschland wären es bestimmt 40 Euro oder mehr gewesen. Zum Wein gab es ausgezeichnete mediterrane Vorspeisen und frischen Fisch.

Pünktlich um halb zehn mussten wir unseren Tisch räumen, denn die zweite abendliche Bewirtungsrunde startete um diese Zeit. Da war man rigoros und wer noch nicht ausgetrunken hatte, hatte eben Pech gehabt.

Wir suchten noch eine Bar für einen Absacker auf. Inzwischen war es auch schon wieder dunkel geworden. Die Abendstimmung mit der beleuchteten Umgebung der malerischen Häuser an den Hängen war äußerst reizvoll und ideal, die Gedanken Revue passieren zu lassen. So viel hatten wir in diesen wenigen Tagen gesehen und erlebt, so viele Kilometer zurückgelegt, so viele Höhenunterschiede überwunden. Allein heute waren es 82,7 Kilometer bei einer Fahrtzeit von rund zweieinhalb Stunden und einer Durchschnittsgeschwindigkeit von 31,9 Stunden-kilometern gewesen. Der Höhenmesser zeigte 1.401 Meter an, was schon beträchtlich war, aber wir waren ja auch den bisweilen steilen *Passo del Bracco* hinaufgerollt. Dort hatten wir noch kilometerweite Einsamkeit auf leeren Straßen – gar kein Vergleich zu den folgenden Touristenmassen in den Dörfern. Das war fast schon ein Kulturschock inmitten der malerischen kleinen Orte mit ihren schmuck bebauten Felsen und Klippen über den kleinen Häfen.

Der Abend war gelungen und bildete einen würdigen Abschluss unserer Tour. Mir fiel wieder ein, dass Julia doch just zuvor erst nach einigen Anlaufschwierigkeiten ihren Rollerführerschein bestanden hatte. War das nicht der schiere Wahnsinn? Es fühlte sich unwirklich an.

Am kommenden Tag schon würden wir die Heimreise antreten. Das würde mit einem Mercedes Sprinter wesentlich schneller und komfortabler zugehen als die Fahrt hierher mit allen Etappen zwischendurch, teils bei miserablen Straßenverhältnissen, um die folgende Nacht in einem luxuriösen Hotel oder einem alten Schloss zu verbringen. Wie ein Traum zog alles noch mal an mir vorbei und so würden mich die Erinnerungen und Bilder sicher auch durch die Nacht begleiten.

Geschafft!

Impressionen des Südens

Tisch mit Aussicht

Das Farbenmeer ist berauschend und fast unwirklich.

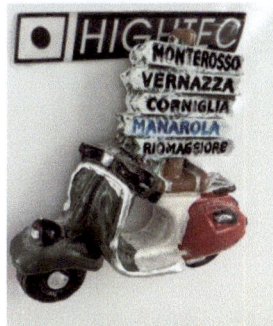

Vespa über alles!

Schlussakkord nach den vielen Eindrücken, wie wir auf dieser Reise gewonnen haben.

11. Zurück in ein anderes Leben

Wieder erwachten wir unter blauem Himmel mit dem ersten Morgenlicht. Pünktlich um sieben Uhr läutete der Kirchturm in Riomaggiore den Tag ein. Von unserer Dachterrasse aus konnten wir wunderbar die ersten Sonnenstrahlen genießen und dazu wechselnde Eindrücke aufnehmen. Heute würden wir uns nicht mehr auf die Roller schwingen, zwischendurch die Gedanken verdrängend, die eindringlich forderten: „Wann sind wir endlich am Ziel?"

Wir hatten unser Ziel bereits erreicht, hatten endlose Kilometer einsame Straßen die Pässe hinauf befahren, mitten durch überwältigende Natur, waren über miserable Straßenverhältnisse geholpert, hatten uns in den Tunneln geängstigt, hatten zwischendurch in kleinen Cafés am Straßenrand Halt gemacht, täglich von einem Etappenziel zum nächsten.

Heute würde es zurück von Riomaggiore nach Seehausen gehen, ganz zivilisiert mit einem Mercedes Sprinter, in dem auch unsere Roller sich würden ausruhen können. Vorerst saßen wir aber im ersten Sonnenlicht des Tages inmitten pastellfarbener Häuser in mediterranem Stil, die sich urtümlich terrassenartig den Hang hinaufzogen. Innerhalb der Häuser wirkte es zum Teil noch verschlafen mit ihren geschlossenen Fensterläden, auf einzelnen Balkonen baumelten Wäschestücke in der Morgenluft.

Unterhalb unserer Dachterrasse verlief die Hauptstraße von Riomaggiore. Weit oberhalb zogen sich grüne Weinberge die Hänge hinauf. Obwohl wir das Meer von hier aus nicht sehen konnten, war der Ausblick rundum herrlich.

Morgens um sieben war die Straße dort bis auf den Lieferverkehr und einige wenige Dienstleister wie leergefegt. Weit und breit kein einziger Tourist zu sehen; die Horden würden wohl erst später am Tag wieder einfallen und die kleinen Dörfer der *Cinque Terre* regelrecht überschwemmen.

Nun aber lieferten Fahrzeuge auf den ansonsten unbelebten Straßen Waren an, fast vor jedem Haus befand sich ein Kühllaster oder ein anderes Lieferfahrzeug. Dazwischen wuselte akribisch der Müllmann herum, der sorgfältig die Behältnisse öffnete, die gefüllten Plastiksäcke herausnahm und durch neue ersetzte. Die vollen Müllsäcke landeten auf der Pritsche eines Fiat Ducato und zeugten von den zigtausende Menschen umfassenden Besucherströmen des Vortags, die schon bald wieder die Straßen bevölkern und wiederum die Müllbehälter füllen würden.

Tagein tagaus vollzog sich hier dasselbe Schauspiel. Abends würden die Straßen wieder leer sein und es würde Ruhe einkehren. Und am Morgen darauf: erneut reges Treiben zwischen den noch verschlafen wirkenden Häusern, wo sich die Einheimischen erneut für einen Tag und den immer wiederkehrenden Ansturm wappneten.

Als einziges öffentliches Verkehrsmittel war ein kleiner blauer Bus unterwegs, ein Neunsitzer, der sich die Straße hinauf quälte. Auch unser persönliches Verkehrsmittel für den heutigen Tag würde bald losrollen zum vereinbarten Treffpunkt.

11.1 Heimisch im verschlafenen Nest

Wie wir so auf der Dachterrasse saßen und erlebten, wie Riomaggiore langsam erwachte, sich die Hänge mit ihren Häusern und viel Grün rechts und links der Straße hinaufzogen, darüber strahlend blauer Himmel, das Meer ganz nah, stellte sich ein heimeliges Gefühl ein. Zwischen diesen Alltagsgeräuschen und dem ganz alltäglichen Anblick der auf den Terrassen trocknenden Wäschestücke konnte man sich ungewöhnlich heimisch fühlen. Es war kaum zu erahnen, wie voll die Straßen des malerischen Fischerdorfes in einigen Stunden wieder sein würden – ein dichtes touristisches Menschengedränge, ausgespuckt von den in kurzen Intervallen verkehrenden Zügen.

Kontrastreicher konnte ein Ort kaum sein. Kontrastpotenzial bot auch das zwiespältige Gefühl an diesem Morgen, würden wir doch heute die Rückfahrt in unsere Heimat antreten und wir waren nicht sicher, ob wir uns wieder auf zuhause freuten oder traurig waren, dass unsere Reise nun zu Ende ging.

11.2 Die Neuzeit erwartet uns

Mit unserem Fahrer Karl und dem weißen Sprinter waren wir um neun Uhr verabredet. Wir hatten den Kreisverkehr oben in Riomaggiore ausgewählt, denn das war die einzige Stelle, an der der Transporter in der Waagrechten stehen konnte. Andernfalls hätten wir ihn nur in Schräglage auf der sich durch Hänge hinauf schlängelnden Straße beladen können.

Pünktlich erwartete uns Karl dort. Wir waren startklar und luden die Roller in den Sprinter. Dort wurden sie sicher verzurrt. Heute würden sie pausieren dürfen und müssten sich keine steilen Hänge hinaufquälen oder mit Schlaglöchern gespickte Straßen bewältigen. Alte Gemäuer würden wir heute allenfalls im Vorbeifahren aus der Ferne sehen, den Fahrtwind nicht spüren und nicht den eigentümlich andersartigen Geruch von verbrennendem Holz oder italienischen Rollern in der Nase haben. Keine kleinen Cafés am Straßenrand würden uns zu einem Zwischenstopp in authentischem, gemütlichem italienischem Flair einladen, keine hingebungsvollen Tankwarte die Roller befüllen und keine altertümlichen Orte erwarten.

Im Sprinter würden wir stattdessen der Neuzeit und dem Alltag im doch so anderen Deutschland wieder entgegenrollen.

11.3 Nach dem Ziel ist vor dem Ziel

Zehn Tage zuvor war es an den Start gegangen. Täglich hatten wir uns ein Etappenziel vorgenommen und jedes sollte uns näher zum eigentlichen Ziel *Cinque Terre* führen. Das hatten wir am Vortag erreicht. Schon gab es ein neues Ziel – die Heimat.

Es war ganz so, wie es immer ist: Menschen steuern von einem Ziel das nächste an, kommen anscheinend nie wirklich an.

Dennoch hatten wir auf unserer Tour ausgiebig Gelegenheit, ein völlig anderes Zeitgefühl zu erleben und zwischenzeitlich auch mal völlige Ziellosigkeit zuzulassen, die Zeitlosigkeit des Seins zu

116

empfinden, ganz im Augenblick aufzugehen. Der Weg war das Ziel.

An diesem Tag erwarteten uns als Beifahrer bequeme Sitzplätze im Sprinter. Es würde keinen Verkehr geben, auf den wir achten mussten und keine endlosen einsamen Straßen durch unberührte Natur oder Schlaglöcher, die uns bei Unachtsamkeit aus dem Sattel zu befördern drohten, keine strammen Seitenwinde, die uns aus der Senkrechten heben wollten. Dafür waren es 32 Grad im Schatten und die Klimaanlage des Sprinters hatte ihre Mühe, die Luft im Transporter etwas herunterzukühlen.

Nun rauschte erneut die atemberaubende Landschaft an uns vorbei. Schroffe Berge wechselten sich mit sattem Grün, Feldern und Gewässern ab. Es ging über Brücken und wir fuhren auf einwandfreien Straßen dahin. Von unseren recht hoch gelegenen Sitzflächen aus war das kein Vergleich zu dem Gefühl, das sich täglich auf unseren Zweirädern eingestellt hatte. Auch der übrige, immer dichter werdende Straßenverkehr wirkte ganz anders, als auf unseren kleineren Rollern überholt zu werden. Zur Abwechslung waren wir mal wieder auf der Überholspur – bis der nächste Tunnel nahte. Vor diesem staute es sich.

Doch diesmal erwartete uns im Tunnel nicht dieses beengte Gefühl, die unheimliche Geräuschkulisse, die uns auf den Rollern begleitet hatte, und wir fühlten uns nicht so hilflos als schwächstes Glied den – wie es schien – rücksichtslos fahrenden Touristen um uns herum ausgesetzt. Immer mehr Fahrzeuge wurden es, die Straße immer voller. Wir waren wieder mitten in der modernen, schnelllebigen Zivilisation mit immer mehr Reizüberflutung angekommen.

11.4 Alles rauscht vorbei

Ebenso wie die Landschaft und der Verkehr rechts und links an uns vorbeirauschten, zogen auch die vergangenen Tage in Gedanken vorbei. In wenigen Stunden würden wir wieder zu Hause sein. Wie würde es sich anfühlen? In der Heimat war einerseits alles so vertraut, andererseits war es doch noch so weit weg. Noch am Morgen und die Tage zuvor hatten wir uns in einer anderen Welt befunden, begleitet von einem anderen Zeitgefühl.

Wir hatten uns über einsame Straßen und bisweilen mittelalterliche Überbleibsel bewegt, intensiv das italienische Flair und die italienische Mentalität gekostet wie bei den Tankwarten, die so hingebungsvoll und leidenschaftlich Handgriff für Handgriff ihren Job erledigten, ganz darin aufgehend und ganz ohne Eile.

Morgens hatte uns liebevoll zubereitetes Frühstück erwartet – wie bei der fürsorglichen italienischen *Mamma*. Die Nacht im Schloss kam mir wieder in den Sinn, der Morgen ohne warmes Wasser, dafür aber mit persönlicher Führung und Blick in den düsteren ehemaligen Kerker. Die *Cinque Terre* als krönender Abschluss unserer Tour hatten neben dem Schloss zweifelsfrei ein Alleinstellungsmerkmal unter allem, was wir gesehen und erlebt hatten.

So viele Eindrücke waren auf uns eingestürmt... Was davon würde in Erinnerung bleiben, was im Laufe der Zeit verblassen?

Schon unterwegs hatte ich die Idee, dieses Buch zu schreiben, um die Erinnerungen und Erlebnisse lebendig zu halten, ebenso die vielen Überlegungen und Emotionen unterwegs.

Der Gedanke daran kam mir nun auf der Heimfahrt wieder: Wie würde es sein, all dies in gedruckter Form festzuhalten, in Worten und Bilder und dieses Buch nach einiger Zeit noch mal zu lesen, sich in die einzelnen Momente unserer Tour zurückzuversetzen, einen kleinen Augenblick vielleicht erneut ganz erfüllt von der Zeitlosigkeit des Seins?

Nach gut achteinhalb Stunden Fahrt war es vorbei – wir hatten unsere Heimat und somit ein weiteres Ziel erreicht; glücklich, aber auch ein wenig wehmütig.

Welches kleine oder große Ziel werden wir wohl als nächstes ansteuern? Was werden unsere nächsten Herausforderungen sein? Was würden wir für uns selbst nachhaltig aus all dem Erlebten mitnehmen?

Für den Augenblick hieß es jedoch: erst mal wieder richtig ankommen.

Doch schon drängte sich eine neue Frage auf: Sind wir eigentlich nun, am Ausgangspunkt zurück, noch dieselben Menschen wie vor dem Start?

Ich danke Ihnen für das Wesentlichste, was sie einem Menschen schenken können: Aufmerksamkeit und Zeit – die Sie für das Lesen meines Buches aufgewendet haben.

Reiseplan

1. Tag   Seehausen – Nauders / Reschenpass

2. Tag   Nauders / Reschenpass – Meran / Dorf Tirol

3. Tag   Meran / Dorf Tirol – Riva del Garda

4. Tag   Riva del Garda – Iseosee

5. Tag   Iseosee – Cremona

6. Tag   Cremona – Compiano

7. Tag   Compiano – Rapallo / Portofino

8. Tag   Rapallo / Portofino – Riomaggiore